배우와
연기를 보는
여섯 개의 **시선**

배우와
연기를 보는
여섯 개의 시선

초판 1쇄 · 2022년 12월 15일
초판 2쇄 · 2023년 12월 20일

엮은이 · 한국연극평론가협회
펴낸이 · 한봉숙
펴낸곳 · 푸른사상사

주간 · 맹문재 | 편집 · 지순이 | 교정 · 김수란, 노현정 | 마케팅 · 한정규
등록 · 1999년 7월 8일 제2-2876호
주소 · 경기도 파주시 회동길 337-16 푸른사상사
대표전화 · 031) 955-9111(2) | 팩시밀리 · 031) 955-9114
이메일 · prun21c@hanmail.net
홈페이지 · http://www.prun21c.com

ⓒ 한국연극평론가협회, 2022

ISBN 979-11-308-1995-2 93680
값 24,000원

배우와 연기를 보는 여섯 개의 시선

Six perspectives
on actors
and acting

한국연극평론가협회 엮음

푸른사상
PRUNSASANG

『배우와 연기를 보는 여섯 개의 시선』은 배우와 연기에 관한 글 묶음
이다. 우리 시대를 관통하는 연극 공연들을 빚어낸 배우들 중 몇몇에
대한 연구 논문들을 모은 책이다. 이 연구서가 우리 시대 대중예술의
휘황찬란한 스타들에 대한 이야기를 담고 있는 것은 결코 아니다. 하지
만 그저 척박한 연극 현장에서 무언가 의미로 다가왔던 그 흔적들에 대
한 학문적 추적 시도인 것은 분명하다. 이 책이 이 분야에 대한 어떤 완
벽하고 빈틈없는 연구를 보여주는 것이라고 말할 수도 없다. 그럼에도
불구하고 이러한 시도는 이와 유사한 방식의 계속적인 연구를 위한 학
문적 자극임에는 틀림없다. 작은 책 한 권이 한국 연극계에 어떤 파장
을 미칠 것이라는 기대는 애초부터 갖지 않지만, 그래도 연기하는 배우
들을 다룬 연구서가 점점 더 많아져야 한다는 막연한 소망을 품어본다.
본서가 그런 바람을 담고 수줍게 내딛는 첫 걸음이 되었으면 한다.

　배우들과 그들의 연기에 대해 학문적 글쓰기를 한다는 것은 필요하

면서도 또 부질없는 일 같다는 생각이 들기도 한다. 앞으로도 그들은 계속 연기를 할 것이고 현재의 틀을 넘어서는 또 다른 작품들을 빛내면서 새로운 연기 스타일을 개발하게 될 테니까 말이다. 특정 시점을 설정하고 그때까지의 성과를 논한다는 것이 가진 근본적 한계를 시인해야 하니, 연구자들은 공들여 짓고 다시 허물 수밖에 없는 바닷가 모래성처럼 그렇게 순진무구한 '학문의 놀이'를 처음부터 기꺼이 받아들일 각오를 해야 한다.

이 책은 한국연극평론가협회에서 2022년 '연기와 배우에 대한 세미나'라는 제목의 정기 스터디를 통해 발표된 여섯 논문을 토대로 하고 있다. 개별 논문들 사이에 어떤 유기적인 연결고리가 존재하는 것은 당연히 아니다. 각 논문은 특정 공연에서 연기된 인물을 통해서 연구 대상 배우가 드러내는 연기적 특징을 상술하고 있으며, 논문에 따라서는 그 배우의 연기 궤적에 대해서도 조명하고 있다. 그러므로 특정 배우와 그의 연기가 갖는 의미는 무엇보다 연기된 인물이 속한 작품에 대한 분석과 직결된다. 바로 여기에 이 책이 갖는 작은 미덕이 존재한다. 기존의 연기 관련 서적들이 일반적으로 특정 연기이론에 대한 서술에 치중했던 반면에, 본 연구서는 실제 연극 공연들 안에서 배우의 연기가 어떤 방식으로 형상화되며, 또 이를 통해 해당 배우의 개성이 어떻게 구체화되는지에 주목하고 있다. 곧 서술되는 연극적 상황 안에서 작품을 정당화하는 연기에 대한 구체적인 분석이 중심을 이루고 있다. 그리고 논문에 따라서는 특정 배우의 삶의 과정에 대한 연구를 함께 담고 있기도 하다. 각 논문들의 내용을 조금 더 살펴보면 다음과 같다.

심재민은 '수행적 연기'라는 개념을 통해 극단 동 배우들의 작품 속 연기를 조명한다. 이 극단이 지향하는 '신체행동연기'에 주목해서 재현 연기의 '육체'와 다른 '신체'의 의미를 체현과 현존, 그리고 수행성의 관계망 안에서 파악한다. 피셔-리히테(Erika Fischer-Lichte)의 '수행성' 이론에서 출발하여 메를로-퐁티(Maurice Merleau-Ponty)의 지각주체와 연결되는 지점에까지 사유의 폭을 확장하면서 해당 극단의 작품들에 대한 분석과 함께 배우들의 연기적 특징을 조망한다.

전지니는 극단 '명작옥수수밭'의 '한국근현대사 재조명 시리즈' 속 배우 김동현의 캐릭터성에 대해 고찰한다. 구체적으로 연출가 최원종의 페르소나라 할 수 있는 배우 김동현이 전면으로 나선 연극과 그가 맡은 캐릭터의 형상을 논의하며, 극단의 역사극과 배우가 구축한 캐릭터성의 상관성을 짚어보려 한다. 이는 명작옥수수밭 역사극의 방향성과 관련해, 김동현이 구축한 소시민적 남성성이라는 문제를 젠더적 관점에서 짚어보고자 하는 시도이다.

이주영은 배우 이봉련이 백상예술대상 연극 부문 여자 최우수연기상을 안겨준 국립극단 〈햄릿〉의 햄릿과 만나는 과정을 고찰한다. 과거/저기의 햄릿이 아닌 지금/여기의 햄릿을 연기한 배우 이봉련은 동시대를 살아가는 한 개인이자 배우로서, 다양한 능력과 햄릿의 모습을 무대 위에서 선보인다. 전통적인 햄릿과 다른 이봉련 특유의 햄릿을 통해서 그의 연기 특징들을 조명해본다.

전성희는 배우 김성옥의 연기를 연구한다. 김성옥은 고려대 대학극회와 실험극장의 창단 멤버이며 드라마센터와 국립극단 그리고 극단 산하와 극단 산울림에서 활동했다. 철학적 바탕에서 나온 지성적 연기를 추구했으며 사실주의 연기관에 입각한 연기를 거부했다. 극단 산하의 〈천사여, 고향을 보라〉의 켄트(1966년 동아연극상 남우주연상), 극단 산울림의 〈고도를 기다리며〉의 블라디미르(1970년-서울신문 주최 한국문화연기대상), 〈헨리 8세와 그의 여인들〉의 헨리 8세(1972년-한국연극영화예술상 연기상-현 백상예술대상), 〈겨울사자들〉의 헨리 2세(1973년 동아연극상 남우주연상) 등에서 드러난 그의 연기 스타일을 조명한다.

김태희는 배우 김승언과 신문영으로 구성된 '우주마인드프로젝트'의 〈서민경제 3부작〉을 중심으로 거리극 연기의 특성을 분석한다. 동시에 거리극 연기와 관련해서 가장 필수적인 고려 요소들을 중점적으로 다룬다. 즉 관객들의 관심을 오랜 시간 붙들어놓을 수 없다는 점과 함께 일반적인 무대와 달리 다종다양한 지형지물을 활용해야 한다는 점을 염두에 두면서 연구를 진행한다.

이화원은 마당극패 우금치의 연기에 집중한다. 그는 우금치의 연기론과 연기훈련이 제시하는 중요도에 비해 이 집단에 대한 전문적인 연구 및 소개가 거의 이루어지지 않았다는 점에 주목한다. 이런 맥락에서 마당극패 우금치의 공연 〈적벽대전(赤碧大田)〉을 중심으로 전통연희 기반 연극공연에서의 기본 훈련 및 역할형상화의 과정에 대하여 탐구를 시도하고 있다.

이 책이 완성되기까지 지난 1년 동안 한국연극평론가협회 주최 정기 스터디 모임에서 발표와 사회 및 질의를 통해 적극적으로 참여해주신 모든 선생님들께 진심으로 고마움을 표한다. 그리고 척박한 환경 속에서도 흔쾌히 출판을 허락해주신 푸른사상사의 한봉숙 대표께도 다시 한번 감사의 말씀을 드린다.

2022년 10월 만추, 서재에서
한국연극평론가협회 회장 심재민

차례

■ 책머리에 • 5

심재민 **수행적 연기로서의 신체행동연기**
　　　 : 극단 동 배우들의 연기

1. 서론   15
2. 체현과 현존, 그리고 수행성   17
3. 수행적 연기로서의 신체행동연기   24
4. 공연에 나타난 신체행동연기   30

전지니 **무대화된 한국 근현대사 속 남성성의 문제**
　　　 : 극단 명작옥수수밭의 역사극 속 배우 김동현의 자리

1. 극단 명작옥수수밭과 '대중적인 역사극'이라는 지향점   55
2. 배우 김동현이 구축한 소외된 남성의 역사   62
3. 남성 동성사회성과 탈헤게모니적 남성성   78
4. 다양한 남성성(들)에 대한 상상   89

이주영 배우 이봉련의 〈햄릿〉 연구

1. 배우 이봉련과 햄릿 사이   97
2. 지금/여기로서의 〈햄릿〉   100
3. 인간으로서의 '햄릿'   108
4. 햄릿 이후의 '배우 이봉련'   119

전성희 배우 김성옥(金聲玉) 연구

1. 들어가며   127
2. 김성옥의 가계와 성장   131
3. 고대극회와 실험극장의 창단   132
4. 대학 졸업과 드라마센터 입단   140
5. 극단 산하 입단   144
6. 국립극단에서의 활동   150
7. 극단 산울림과 〈고도를 기다리며〉   157
8. 나오며   166

김태희 거리극의 연기 형식과 공간 활용에 대한 연구
: 우주마인드프로젝트의 서민경제 3부작을 중심으로

1. 들어가며 : 공연 공간의 변화와 배우의 연기　　　173
2. 콜라주 형태의 장면 구성과 역할의 넘나듦　　　178
3. 지형지물의 활용과 배우의 몸　　　183
4. 외부 자극과 소리의 관계　　　191
5. 나오며　　　199

이화원 전통연희 기반 역할 형상화에 관한 연구
: 마당극패 우금치를 중심으로

1. 들어가는 글　　　207
2. 배우 훈련　　　210
3. 역할 형상화　　　224
4. 나오는 글　　　232

■ **찾아보기** • 235

■ **필자 소개** • 238

수행적 연기로서의
신체행동연기

: 극단 동 배우들의 연기

심재민

수행적 연기로서의 신체행동연기[1]
극단 동 배우들의 연기

1. 서론

연출가 강량원과 극단 동 단원들은 '월요연기연구실'이라는 모임을 중심으로 '신체행동연기'라는 독특한 연기관에 대하여 연구하고 이를 창작에 활용하고 있다. 이 극단은 1999년 〈페드라〉부터 신체행동연기를 고수하는 가운데 2006년 〈변신〉의 성공을 계기로 그들의 창의적인 공연 양식을 더욱 직접적으로 알리게 되었다. 특히 2008년 〈내가 죽어

---

1 본고는 필자의 다음 논문들에서 부분적으로 발췌 및 수정·보완되었음을 밝힌다. 심재민, 「수행적 미학에 근거한 공연에서의 지각과 상호매체성」, 『한국연극학』 60, 한국연극학회, 2016, 115~167쪽; 「강량원과 극단 동의 연극」, 『한국엔터테인먼트산업학회논문지』 13-3, 한국엔터테인먼트산업학회, 2019, 139~155쪽; 「강량원과 극단 동의 연극 미학」, 『한국엔터테인먼트산업학회논문지』 14-3, 한국엔터테인먼트산업학회, 2020, 307~322쪽.

누워 있을 때〉로 대한민국연극대상 무대예술상을, 2008년 〈테레즈 라캥〉으로 PAF 연출상을 수상하였으며, 2009년에는 동아연극상이 새개념연극상을 수여하면서 그들의 연극과 연기는 뚜렷한 개성을 인정받게 되었다. 이후에도 한국연극평론가협회의 베스트3와 한국연극협회의 베스트7에 여러 차례 선정되기도 하였다.

　강량원과 극단 동의 연극에서는 감정이입과 심리적 접근에 의한 내면 연기, 즉 재현 연기는 원천적으로 배제된다. 공연에서는 배우들이 연기를 위해서 만든 각자의 행동계획에서 나온 단위행동이 중요하다. 그리고 이 단위행동들이 이어지면서 나온 세부적 단위행동들, 즉 세부행동들로서의 서브텍스트(subtext)가 관객에게 전달된다.[2] 그러니까 서브텍스트를 만들기 위해서 배우들이 중심적으로 자신의 행동계획을 작성하고, 이를 바탕으로 단위행동이 만들어지며, 더 나아가 세부적 단위행동이 완성된다. 그리고 행동의 대상으로는 사물, 사람, 몸, 말, 내적 대상이 있다.[3] 배우들은 행동의 대상을 감각적으로 대하면서 몸의 현상성, 즉 현상적 물질성을 드러내고 관객으로 하여금 몸의 현존(現存, Präsenz)을 지각하게 한다. 여기서 세부행동들, 서브텍스트가 형성되기까지의 과정에는 근본적으로 연출가 강량원의 콘셉트와 스타일이 개입된다. 또한 공연 준비 과정에서 다양한 토론들을 통해서 도출된 배우들

2　남상식, 「신체적 연기술의 연출─강량원과 극단 동의 작업을 중심으로」, 『한국연극학』 37, 한국연극학회, 2009, 245~279쪽 중 251쪽 참조.
3　위의 논문, 250~251쪽 참조.

의 관점 역시 서브텍스트 형성에 영향을 미치게 된다. 이는 그들의 작업을 공유하는 극단 및 월요연기연구실의 홈페이지에서도 이미 확인된다.[4] 그리고 신체행동연기는 극중인물의 감정과 심리와 사상을 가능한 한 유사하게 모방하는 재현 연기가 아니라 배우의 현상적 신체에 근거한 현존을 드러낸다는 점을 고려할 때, 먼저 현존과 함께 '체현' 개념에 대한 올바른 이해가 선행되어야 한다.

2. 체현과 현존, 그리고 수행성

20세기 초 서구의 '역사적 아방가르드' 연극에서 몸의 문제가 새롭게 대두하였을 때, 여기서는 몸과 정신은 여전히 이원론적 관계를 형성하고 있었다. 그런데 연극학자 에리카 피셔−리히테에 따르면 정신과 몸의 이원론에 입각해서 실행되는 배우의 연기에 근거한 '인물의 체현(embodiment)'과는 달리, 1960년대 소위 '수행적 전환(performative turn)' 이후에 나온 '네오아방가르드 연극'에 근거한 새로운 의미의 체현은 일원론에서 나온 것이다.

18세기 말경에 서구에서 배우의 연기를 새롭게 바라보는 개념인 '체현'이 나타났을 때, 이는 먼저 배우의 기호적 육체(semiotischer Körper)를

---

4   http://cafe.daum.net/monR.

통해 극중인물을 구현하는 것을 의미하였다. 여기서는 작가의 텍스트에서 언어적으로 표현된 의미들—"극중인물의 감정, 심리상태, 생각의 흐름, 그리고 성격적 특질"—이 배우의 육체를 통해서 표현되었다.[5] 따라서 관객은 배우의 현상적 신체(Leib)가 아니라, 그의 기호적 육체를 통해서 체현된 극중인물과 관련된 의미 기호들을 파악해야 했으며, 여기서 체현은 이미 이원론적 세계관에 기초하고 있다. 왜냐하면 연기는 "마음(정신)을 표현하는 자연스러운 기호체계"이며,[6] 배우의 기호적 육체에서 나온 연기를 통해서 작가가 드러내고자 하는 텍스트의 의미에 담긴 사상과 정신을 관객은 연극 기호로서 읽어내야 하기 때문이다.[7] 그러나 이후에 '체현' 개념의 질적 변화는 배우의 현상적 신체와의 연관관계를 통해서 비로소 달성되었으며, 이때 피셔-리히테는 정신과 몸의 일원론을 확인한다. 이처럼 피셔-리히테가 체현의 새로운 내용을 통해서

---

5 Erika Fischer-Lichte, *Ästhetik des Performativen*, Frankfurt a. M.: Suhrkamp, 2004, p.131.

6 피셔-리히테는 '마음을 표현하는 자연스러운 기호체계'로서 기호적 육체를 말한다. 여기에 대해서 E. Fischer-Lichte, 「기호학적 차이. 연극에서의 몸과 언어—아방가르드에서 포스트모던으로」, 심재민 역, 『연극평론』, 2005년 여름호, 238~258쪽 중 241쪽 참조.

7 이런 맥락에서 피셔-리히테는 Johann Jakob Engel을 인용한다. 엥엘은 『표정술(*Mimik*)』(1785/86)에서, 배우의 연기에서 기호적 육체를 제대로 사용되지 못하고 현상적 신체가 드러나는 것을 비판한다. 즉 배우가 극중인물을 연극적 기호로 제대로 연기해내지 못하는 것에 대해서 문제제기를 한다. 여기에 대해서 Erika Fischer-Lichte, op.cit., p.132 참조.

말하고자 하는 바는 무엇보다 공연에서 드러나는 현상적 신체가 관객에게 미치는 영향에 대한 것이다. 메이어홀드의 '생체역학'이 그 범례가 되는 역사적 아방가르드와는 달리 60년대의 네오아방가르드의 일원론적 세계관에서부터 피셔-리히테는 이른바 '신체-존재'와 '육체-소유'라는 현상학적 관점이 통용되는 것을 확인한다. 이로써 신체와 육체는 변증법적 관계에 놓여 있으며, 인간은 스스로 '신체주체'인 가운데 정신과 신체가 '체현된 정신' 안에서 하나가 된다. 피셔-리히테가 이처럼 체현의 완전히 새로운 정의를 인정할 때, 여기서는 철학자 모리스 메를로-퐁티(Maurice Merleau-Ponty)의 영향이 확인된다. 이런 의미에서 피셔-리히테는 그로토프스키(Jerzy Grotowski)의 연극과 메를로-퐁티의 후기철학 사이의 유사성을 인식한다. 즉 메를로-퐁티의 '살(chair)의 철학'에서 바로 심신일원론을 확인한다(Ästhetik des Performativen 141). 메를로-퐁티는 '살' 개념을 통해서 의식과 대상 사이의 간극을 제거하려고 시도하며, '세계의 살(la chair du monde)'을 제시하면서 정신과 신체, 의식과 세계의 일치를 지향한다. 그러므로 배우의 육체가 언제나 세계와 결합되는 통로도 바로 이 살이다. 바로 이 '살성(Fleischlichkeit)' 안에서 신체는 도구적이고 기호적인 기능들을 넘어서면서 세계와 소통하게 된다. 따라서 배우의 육체는 신체의 살성에 의존해서 '신체육체' 혹은 '육체신체'의 입장에서 세계로 향한다. 즉 육체는 살성에 근거해서 신체와 결합하며, 이로써 신체육체 내지 육체신체는 의식과 연결되며 궁극적으로 세계 내에 있는 존재이자 세계로 향해 나아가는 존재가 된다. 그러므로 여기서 피셔-리히테는 배우와 역할의 기존 관계가 완전히 역전되는 것을 확인한다.

　이러한 체현의 질적 변화를 고려하면서 피셔-리히테는 "특별한 미학적 성질"로서 '현존' 개념이 오늘날 미학에서 차지하는 의미망을 배우의 신체, 생활세계의 대상들, 그리고 기술적 및 전자적 매체들의 생산물들과 관련해서 이해한다.[8] 그런 가운데 특히 수행적 미학의 테두리 안에서 배우의 신체적 현존에 집중한다. 즉 현존은 바로 수행적 미학의 성질에 귀속되며, 체현의 과정을 통해서 성취된다. 그리고 배우의 신체를 통해서 드러나는 '현존' 개념에 대해서 세 가지 관점을 제시한다. 현존의 약한 구상, 강한 구상, 그리고 근본적 구상이 그것이다. 그런데 여기서 현존은 먼저 배우의 현상적 신체를 전제로 성립한다는 점에 주목해야 한다. 그러니까 배우가 극중인물을 재현적으로 연기할 때 가지는 '기호적 육체'와 다르게 그의 신체 자체가 관객의 주목을 끈다는 것에서부터 현존은 출발한다. '약한 현존'은 이 현상적 신체가 단지 관객 앞에 현재적으로 존재하고 있는 그 현재성만으로 주어진다. 배우는 신체를 통해서 어떤 특징적인 매력들을 드러내게 되고, 이로써 이미 약한 구상의 현존을 실현한다. 이에 비해서 강한 현존을 드러내는 배우의 현상적 신체는 관객과 공존하는 공간을 지배하고 관객의 주목을 강제하는 성질을 갖는다.[9] 여기서 피셔-리히테는 배우가 지배하는 특정한 기교와 실행 기법을 언급한다. 즉 이러한 기교와 기법을 작동시킴으로써 관객

8　*Ibid.*, p.160.

9　*Ibid.*, p.165.

을 사로잡는다는 것이다. 관객은 배우로부터 나오는 힘을 감지하며, 이
것이 자신으로 하여금 완전히 그에게 집중하도록 강제하는 것을 느끼
고, 이 힘을 하나의 "힘의 원천(Kraftquelle)"으로 느낀다.[10] 관객은 특이하
게 강력한 방식으로 현존하는 배우를 감지함으로써, 동시에 자기 자신
의 현존을 매우 강력하게 느끼는 능력을 부여받는다. 즉 배우의 현존을
통해서 자기 자신의 현존을 느끼게 되는 것이다. 현존은 그러므로 "현
재에 대한 강력한 경험"으로서 "발생한다".[11] 더 나아가서 피셔-리히테
는 '근본적 현존' 개념을 바로 '체현된 정신(embodied mind)'이라는 바탕
위에서 이해한다. 그러니까 "배우의 근본적 현존을 통해서 관객은 배우
와 자기 자신을 동시에 '체현된 정신'으로 경험하고 체험한다".[12] 따라
서 '체현된 정신'은 배우뿐 아니라 관객도 함께 경험하고 체험함으로써
심신일원론에 입각해서 철저히 주객일치가 이루어진다. 정신과 신체가
하나인 가운데 배우와 관객은 서로 연결된다. 피셔-리히테는 '체현된
정신'을 다른 말로 "지속적인 생성자(dauernd Werdender)"로 파악하는데,
이 '생성' 안에서 에너지의 순환이 이루어지고, 관객은 이를 통해서 "변
형적인 힘(transformatorische Kraft)"이자 "생명력(Lebens-Kraft)"을 지각한다.[13]
따라서 피셔-리히테가 제시하는 '근본적 현존'은 세계를 고정불변하

---

10 *Ibid.*, p.166.
11 *Ibid.*, p.166.
12 *Ibid.*, p.171.
13 *Ibid.*, p.171.

는 '존재(Sein)'로서 파악하는 것이 아니라, 끊임없이 생성소멸하는 '생성 (Werden)'으로서 이해하는 것이다. 즉 생성적 세계관에 입각한 현존 역시 관객과 배우 사이의 에너지의 순환을 전제로 한다. 그리고 '변형적인 힘'은 관객의 변신 내지 변환을 위해서 작용하는 가운데 관객의 '전이적 경험'을 가능하게 한다.

심신일원론에서 나온 '체현'은 강량원과 극단 동의 연극을 이해하는 데 매우 중요한 개념이다. 왜냐하면 피셔-리히테도 말하듯이, 체현 개념이 '체현된 정신'이라는 의미에서의 심신일원론에 근거해서 인간의 '신체적 세계-내-존재(das leibliche In-der-Welt-Sein)'와 밀접한 관계를 맺기 때문이다. 즉 신체를 통해 세계 안에 존재하면서 세계와 소통하고 동시에 세계를 향해 열려 있는 것이다. 바로 이 심신일원론에 근거한 체현에서 비롯되는 현존이야말로 극단 동의 연극에서 주목해야 할 부분이다. 이런 맥락에서 본고는 핵심 개념들의 관계망에 대한 보다 면밀한 논구를 통해서 신체와 체현, 그리고 현존이 수행성과 맺는 관계를 극단 동의 연극 안에서 살펴보고자 한다.

또한 피셔-리히테의 수행성 이론에 기대어서, 물질성의 관점에서의 '현존적 질서'의 지각과 함께 기호성의 관점에서의 '재현적 질서'에 대해서도 극단 동 공연들에서 논구하고자 한다. 더 나아가서 수행적 공연에서 나타나는 현존적 지각 및 이와 직결된 창발(emergence)의 문제 역시 공연에서 면밀하게 추적하고자 한다. 특히 배우의 몸의 현존이 신체행동연기를 통해서 드러날 때, 그것이 공연 전반과 가지는 관계를 살펴보는 것은 당연히 고려되어야 한다. 즉 공연에서 배우의 신체행동이 에너지, 호흡, 강도, 밀도, 긴장 등을 통해서 궁극적으로 관객과 신체적 교류를 형성해가는 과정에 대한 추적이 필요하다.

극단 동의 공연에서는 돌발적으로 나타나는 현상들의 물질성뿐 아니라, 물질성이 기표로 급변하는 것도 관객의 감각적 지각 및 수용에 중요하게 다가온다. 이 두 과정 모두에서 공연의 의미 구성은 결국 관객의 몫이다. 창발에 의한 의미 구성의 문제가 관객에게 대두한다. 관객 각자에게 창발적으로 불쑥 솟아오르는 연상, 상상, 회상 등의 문제는 바로 공연의 의미 구성에서 우선적으로 감안해야 할 대상이기 때문이다. 따라서 본고에서는 물질성과 창발에 근거한 의미의 구성이 극단 동의 공연에서 어떤 방식으로 구체화되는지를 추적하고자 한다. 이는 결국 각 공연의 주제가 어떤 방식으로 그리고 어느 정도의 범위 안에서 구성 가능한지를 인식하는 문제와 직결된다.

강량원과 극단 동은 인체뿐 아니라 사물과 무대요소들의 현상적 물질성을 부각시키면서 관객의 감각적 지각을 자극한다. 그러므로 이러한 자극을 영향미학(Wirkungsästhetik)적 관점에서 볼 때 정신 및 심리는 어떻게 작동하는지, 그리고 궁극적으로 관객과 더불어 수행적 공간 및 수행적 분위기가 어떻게 조성되는지를 각 공연에서 추적하는 것은 매우 중요하다. 따라서 연구 대상 공연들에 나타나는 신체행동연기 방식, 수행적 분위기 및 에너지의 교류, 그리고 전반적인 수행성의 작동이 궁극적으로 각 공연의 성격과 주제를 어떻게 드러내는지를 논구해야 한다. 그리고 수행성의 형성과 관련해서 배우의 신체행동연기에서 나온 몸성뿐만 아니라 몸성과 어우러지는 소리성 및 공간성의 문제 역시 대두한다.

특히 소리성과 공간성은 공연을 구성하는 다양한 무대요소들의 상호작용을 통해서 형성되면서 궁극적으로 몸성과 결합한다. 따라서 공연에서 이 요소들이 어떤 관계망을 형성하면서 관객과 더불어 수행성을 생산하는지, 또 공연 공간에서 배우들과 관객들 사이에서 자생적으로 생성되고 순환되는 에너지 등을 설명해주는 '자동형성적 피드백 고리(autopoietische feedback-Schleife)' 개념의 작동을 통해서 관객의 지각에 근거한 감정을 어떻게 유발하는지를 구체적으로 밝혀야 한다.

3. 수행적 연기로서의 신체행동연기

강량원과 극단 동의 연극과 관련해서는 연극 생산과 수용의 두 가지 측면을 구별해서 생각해야 한다. 연출과 연기의 측면에서 공연이 생산되는 방식에 대한 고려가 선행되어야 할 뿐 아니라, 공연이 관객에 의해서 수용되는 과정도 함께 감안해야 한다. 이런 점에서 이 극단의 연극에서 가장 먼저 주목해야 할 대상인 신체행동연기가 대두한다. 이 연기는 어떠한 방식으로 실행되는가?

먼저 대사와 관련해서 볼 때 '감각적 지각'을 유도하는 대사가 두드러진다. 즉 지각을 활성화하도록 대본을 재구성하는 것이 확인된다. 따라서 대사에 내포된 것을 감각적으로 수용하도록 하고, 더 나아가 감각기관으로부터 솟아나는 특정 감정 및 그와 연관된 연상, 회상, 상상 등을 통해 창발적으로 나올 수 있는 의미들을 자극하는 것이 관건이다. 이처럼 신체행동연기는 관객이 감각적 지각을 통해서 특정한 육체적 감정을 가지도록 유도하는 연기이다. 다시 말해 감각적 지각으로 소통하는 연기이며, 이를 통해서 특정한 감정을 유발하고 창발적 의미가 발생하도록 하는 연기이다. 따라서 인물이 처한 상황과 인물을 둘러싼 분위기 등이 부각되면서 수행성을 작동시키는 수행적 연기이다. 결국 신체행동연기는 대사의 기호적 의미가 내포한 감정을 직접적으로 모방하지 않는 연기이다. 대사의 의미가 직접 관객에게 인식되면서 감정이 동반되는 것이 아니다. 그러니까 칸트(I. Kant)가 말하는 '지성적 주체'의 '수용적 감성'처럼 인식이 중심이 되고 감성은 보조 역할만 하는 것이 아니다. 칸트에서는 외부의 대상이 주는 자극이 감성을 통해서 수용되고, 최종적으로 지성의 범주들 안에 수렴되는 대상에 대한 인식이 실행된다. 따라서 감성은 인식을 위한 수단에 불과할 뿐이지 감성과 인식이 동일한 차원에서 작동하는 것은 아니다.

그 반면에 메를로-퐁티가 말하는 '지각주체'는 칸트의 '인식주체'와는 다르게 신체를 통해서 세계를 지향한다. 이 지각주체의 실존은 신체와 심리현상의 상호작용에 근거해서 상호이동을 하게 된다.[14] 따라서 관객의 지각과 의식이 동시에 작동하며, 감각적 지각을 통해서 관객의 육체적 감정과 느낌이 유발된다. 신체행동연기 역시 메를로-퐁티가 말하

---

14 여기에 대해서 심재민, 「수행적 미학에 근거한 공연에서의 지각과 상호매체성」, 『한국연극학』 60, 한국연극학회, 2016, 115~167쪽 중 특히 126~130쪽 참조.

는 지각주체의 관점에 서 있다. 또한 신체행동연기에 입각한 연극에서는 '감정유발'의 회로와 진행과정이 재현 연기의 그것과 다를 뿐, 감정이 배제된 것은 결코 아니다.

그런데 대사의 내용이 의미하는 특정한 상황에 처한 극중인물이 느끼는 심리적 감정을 모방하는 배우의 육체(Körper)에서 나온 연기가 바로 '심리적 연기'의 핵심이다. 배우는 인물의 감정을 가능한 한 그대로 자신의 육체로써 드러내고자 노력하며, 이로써 재현 연기가 달성된다. 그리고 감정은 바로 정신과 직결된다. 피셔-리히테가 '마음을 표현하는 자연스러운 기호체계'로서 육체를 말할 때, 이는 정신에서 나온 감정을 표현하는 도구로서의 육체를 의미한다.[15] 관객은 대사 내용의 기호적 의미가 형성하는 인물의 감정이 배우의 육체를 통해서 제대로 전달되었는지에 주목하며 극중인물의 감정에 이입하는 경험을 한다. 그러므로 배우가 연기를 잘 한다는 것은 바로 대사 내용에서 형성된 감정을 자신의 육체로써 최대한 정확하게 모사하는 것을 의미하며, 이 연기에 관객은 감동하는 것이다.

이와 달리, 신체행동연기를 하는 극단 동의 배우들은 극중인물의 감정을 직접적으로 모방하는 육체에서 벗어나 있다. 그들은 인물의 감정을 신체행동을 통해서 감각적으로 드러내려는 목표를 지향한다. 관객이 극중인물의 행동을 감각적으로 지각하게끔 유도하는 연기가 중요하다.

---

15 이런 의미에서 피셔-리히테는 '마음을 표현하는 자연스러운 기호체계'로서 기호적 육체를 말한다. 여기에 대해서 E. Fischer-Lichte, 앞의 논문, 241쪽 참조.

배우의 신체에서 나오는 행동은 관객의 지각을 위하여 물질적 현상성으로 기능해야 한다. 물질적 현상성이란 신체가 용출하는 물질성을 현상적으로 드러내면서 관객에게 지각을 가능하게 하는 어떤 감각적 재료로서 기능한다는 것을 의미한다. 즉 신체는 에너지 호흡 강도 밀도 소리 등을 현상적으로 드러내면서 관객의 감각기관을 자극하고 이를 통해 지각이 이루어지도록 유도해야 한다. 그러므로 관객의 지각행위에 미치는 영향을 고려해야 하며, 이때 관객의 지각적 반응은 예를 들면 "맥박 상승, 확장된 심폐호흡, 땀의 분비, 심장박동, 현기증, 성적 반응, 욕망, 구역질, 슬픔, 기쁨, 행복"등으로 나타날 수 있다.[16] 이 지각적 반응은 결국 관객의 육체적 감정과 직결된다.

따라서 신체행동연기는 근본적으로 재현의 연기가 아니라, 현존의 연기를 전제한다. 즉 배우의 신체적 현존을 통해서 관객에게 감각적으로 영향을 미치고자 하는 연기로 귀결된다. 또한 신체적 현존은 배우의 신체육체 내지 육체신체에서 출발한다.[17] 배우의 신체적 현존은 관객의 지각에 직접적 영향을 미치는 가운데, 신체는 육체와 관계하면서 동시에 의식과 연결된다. 이처럼 현존의 연기를 통해서 극단 동의 연극에서는 결과적으로 '수행성의 미학'이 작동하고, 배우들의 연기는 수행적 연기가 된다. 그리고 관객의 다양한 지각적 반응이 일어날 수 있도록 만

---

16   김형기, 『포스트드라마 연극의 지각방식과 관객의 역할』, 푸른사상사, 2014, 105쪽.

17   심재민, 앞의 논문, 124쪽 참조.

들어진 신체행동연기에 힘입어 무대 위에서 수행성이 작동함으로써 무엇보다 객석과 무대의 관계는 새로운 상황에 처한다.

극단 동의 연극에서 수행성의 미학은 보다 구체적으로 어떤 과정을 통해 작동하는가? 그 과정은 당연히 개별 공연마다 다르며, 관객에게 미치는 영향 역시 다르게 나타난다. 동시에 연출가와 극단이 지향하는 목표 역시 공연마다 각각 다르게 설정될 것이다. 하지만 극단 동의 연극에서도, 수행성의 미학이 일반적으로 전제하는 것처럼, 관객에게 미치는 영향 및 그 반응이 사전에 연출이 계획한 대로 실행되지는 않는다는 점이 드러난다.[18] 이는 공연의 돌발성에서 나온 창발에 기인한다. 즉 예측할 수 없이 갑자기 솟아오르는 창발적 의미가 작동하는 한, 관객을 위한 연출의 사전 계획은 애초부터 한계를 드러낼 수밖에 없다. 다시 말해서 수행성의 작동에서 비롯되는 창발은 공연의 가장 결정적인 관건이 된다. 왜냐하면 관객의 감각적 지각에서 비롯되는 특정한 육체적 감정으로부터 예컨대 연상의미와 같은 창발적 의미가 생성되기 때문이다. 따라서 관객은 대사가 전달하는 단순한 의미 이상의 것을 스스로 획득하게 된다. 이 과정에서 무대와 객석 사이에 에너지적 운동적 생리적 격정적 반응 등의 순환이 자생적으로 생성되면서 결국 '자동형성적 피드백 고리'가 작동하고, 이를 통해서 관객 자신의 육체적 감정이나 느낌이 대두한다. 즉 에너지, 호흡, 강도, 밀도, 긴장 등에 근거해서 무

---

18 Erika Fischer-Lichte, op.cit., p.327.

대와 객석 사이에는 감각적 교류가 발생하고, 그 결과 극장에서는 자생적인 일종의 피드백이 순환되는 고리를 형성한다. 이로써 창발적 의미 획득의 기회가 주어진다. 관객은 이제 자신의 연상, 상상, 회상, 학습 경험 등에 근거해서 무대 위의 돌발적 현상들에 대한 창발적 의미를 획득하는 것이다. 이처럼 강량원의 연극에서는 관객에 의한 의미 형성의 과정과 방법이 기존의 재현연극의 경우와는 전혀 다르게 실행된다. 여기서 관객은 메를로-퐁티가 말하는 '지각주체'가 된다. 그리고 지각주체의 의식과 관련해서 그의 신체는 육체를 도구로 사용하고, 육체는 다시 신체와 연관되어 육체신체 내지 신체육체로 작용하는 가운데 신체는 바로 의식과 연결된다. 따라서 피셔-리히테가 말하는 '의식된 지각' 내지 메를로-퐁티의 '지각적 의식' 개념이 적용되고, 지각과 의식이 동시에 진행된다.[19]

신체행동연기를 하는 배우들은 동일한 행동과 제스처를 단순화하고 압축할 뿐 아니라, 때로는 과장하고 여러 번 반복하기도 한다. 이는 세부적인 단위행동의 연속으로서 세부행동이 작동하는 방식이며, 세부행동을 하는 배우는 자신의 육체를 신체와의 연관 속에서 움직이면서 관객에게 특정한 행동과 제스처를 보여준다. 세부행동을 통해서 배우들은 사건을 단순화하고 강조하며 신체에 에너지를 실어 관객에게 감각적 지각을 유도한다. 이처럼 신체행동연기의 가장 큰 특징은 몇 개의

---

19 심재민, 앞의 논문, 143~150쪽 참조.

단위행동이 연결되면서 세부행동으로 나타난다는 것이다. 이것이 관객에게는 단순한 동작의 반복적인 보여주기로서 지각된다. 그 결과 배우의 몸은 현상적 신체로서 관객의 감각적 지각의 대상이 된다. 일반적인 재현 연기에서는 몸은 마음[정신]의 자연스러운 표현수단으로서 관객에게 말의 의미를 심리적으로 다시 전달하는 기능을 떠맡는다. 이 경우에는 정신과 심리가 육체를 지배한다. 그 반면에 극단 동의 배우들은 현상적 신체를 통해서 감각적 자극을 우선적으로 촉발하고, 이로 인해서 관객의 지각은 의식과 연결되어 궁극적으로 지각과 의식의 동시 작동이 실행된다.

4. 공연에 나타난 신체행동연기

4.1. 〈상주국수집〉

강량원 작·연출 〈상주국수집〉(2011)에서 어머니(김문희 분)의 한(恨)은 그녀의 일생을 지배한다. 탈영한 아들의 죽음을 받아들이지 못하고 살아온 어머니의 이야기를 이 연극은 독특한 연기를 통해서 보여준다. 자신의 인생사가 배어 있는 그녀의 연기는 소리성과 몸성을 통해서 노정된다. 하지만 연극은 어머니를 모시는 나이 든 딸(유은숙 분)의 이야기에 더 집중한다. 딸이 보여주는 '몸의 연기'는 그녀의 삶을 있는 그대로 반영한다. 본고는 이 연극이 감각을 통해서 서정적인 부분에까지 이를 뿐 아니라, 더 나아가 관객의 연상과 추억을 자극하는 데까지도 도달한다는 점에 주목하고 있다.

이 연극은 과거에 붙잡혀 사는 삶에서 탈출하고 싶어 하는 딸의 심정을 처절하게 그려낸다. 그녀와 치매 노모 사이의 갈등은 바로 이 과거의 문제에 기인한다. 가족에 대한 딸의 죄책감은 그녀의 지난 20년 삶을 지배하고 있는데, 이는 군대에서 탈영해 집에 온 오빠를 도와주지 못했던 데서 연유한다. 따라서 그녀가 '간질 있는 남자'를 도와준 것은 한편으로는 오빠에 대한 부채의식의 발로라고 볼 수 있다. 다른 한편으로는 죽은 오빠를 둘러싼 과거에 사로잡힌 채 노망이 든 어머니와 얽힌 그녀의 고통스러운 삶으로부터 벗어나려는 어떤 잠재적 발버둥이기도 하다. 그리고 간질 남자는 여전히 여자 주변을 맴돌고 있다. 그런데 탈영한 오빠 이야기는 어머니와 여자에게는 영원히 치유되지 않는 트라우마일 수밖에 없다. 치매 어머니에게는 오빠에 대한 기억만은 여전히 살아 있고, 그로 인해 여자의 고통도 여전히 현재진행형이기 때문이다. 여자는 현재에 있지만 그녀에게 늙은 모친은 여전히 과거의 기억을 소환하는 인물인 것이다. 여자에게 어

머니는 변함없이 과거의 어느 한순간에 멈춰 서 있는 것처럼 보일 뿐이다. 이런 노모와 여자 사이의 갈등과 고통은 이 연극을 지배한다. 두 사람 사이에서 꽁꽁 여며두었던 기억의 편린이 실은 그들의 20년 삶을 아프게 지배해왔다는 것을 이 연극은 매우 서정적으로 풀어낸다.

4.1.1. 신체행동연기의 특징과 수행적 공간

이 연극에서 배우들의 신체행동연기는 무엇보다 단순하고 반복적이며 특정 감정들을 강조하는 방식을 취한다. 이는 심리적 내면을 드러내는 어떤 세밀하고 섬세한 연기를 지향하지 않는다는 것이다. 관객의 감각에 직접적으로 자극을 주는 뚜렷하고 선이 굵으며 단순한 연기가 표현될 때, 그것은 극중인물의 의식이나 감정 상태를 신체적 체현에 입각한 현존으로 드러낸다. 물론 배우들의 연기는 극 중 상황의 진행과 관련해서 재현적 설명을 필요로 하는 경우도 있지만, 이처럼 인물의 특정한 상태는 일반적으로 현존을 통해서 노정된다.

　배우들의 세부 행동은 대부분 시청각적으로 직접 관객의 감각에 수용된다. 이 경우에 관객은 반복적으로 실행되는 배우의 행동을 통해서 상황을 지각하고 의식한다. 그런데 딸의 연기에서는 현존적인 것이 중심을 이루지만, 때때로 재현적인 것 역시 드러나기도 한다. 하지만 재현적 연기는 매우 제한적으로 드러나며, 사건의 단순한 진행 내지 설명을 반영한다. 예를 들면 국수를 만지고 운반하는 것처럼 사건의 진행을 드러내는 경우나 국수를 만들기 위해서 밀가루 반죽을 치대는 데서 드러난다. 즉 국수의 처리와 관련된 연기는 이 연극의 배경이 되는 국수 가게의 공간적 상황 안에서 벌어지는 기본적인 일을 충실히 반영한다. 그러나 국수 처리와 관련해서 딸이 특정 동작을 반복하는 경우에는 관객에게 이 역시 어떤 특정한 감정이 내재된 것으로서 지각되면서 육체적 감정을 유발한다. 예컨대 딸은 국수를 만지고 냄새 맡다가 잠시 정지동작을 보여준다. 이 특정한 세부행동은 몇 차례 반복되면서 그녀가 어떤 회상이나 연상에 사로잡힌 듯한 인상을 주선한다.

　일반적으로 신체행동연기는 손(손가락 포함), 몸통, 다리, 발 중에서 특정 신체부위를 집중적으로 부각시키는 연기이며, 다른 부위들은 함께 유기적으로 움직이며 신체적 긴장 상태를 유지한다. 이때 제스처, 표정, 음성 역시 중요한 표현 방식이 된다. 신체행동연기는 어떤 특정한 감정에 사로잡힌 극중인물의 상태를 충실하게 드러내지만, 그것이 재현적 모방으로 나타나지는 않는다. 그러므로 관객은 배우가 재현하는 인물의 육체적이고 기호적인 몸이 주는 의미를 심리적으로 느끼는 것이 아니다. 관객은 몸을 통해서 연기하는 배우가 주는 의미 파악에 몰두하는 것이 아니다. 오히려 배우의 현상적 신체가 만드는 특이한 공간적 분위기와 감각을 관객은 자신의 몸을 통해서 지각하면서 그 과정에서 어떤 감정이 불쑥 솟아나게 된다. 또한 지각적 반응은 의식에까지 이르게 된다. 즉 '의식된 지각'의 상태에 도달하게 되며,[20] 창발적 의미에 노출된다.

딸의 신체행동연기가 극 전체에 미치는 가장 중요한 몇 가지 상황들은 다음과 같이 전개된다. 첫째, 극 중에 직접 나타나지 않지만 그녀가 마음을 두고 있는 간질 남자와 관련된 상황이 펼쳐질 때 보이는 신체행동연기. 둘째, 극 전체 플롯의 원인이 되는 오빠와 관련된 상황에서의 신체행동연기. 셋째, 어머니와의 관계 속에서 보이는 신체행동연기. 넷째, 사촌언니(김정아 분)와 함께 있을 때 보이는 신체행동연기. 이상의 신체행동연기를 통해서 딸은 어머니와 더불어 이 연극의 주제를 전달하는 가장 핵심적인 인물이 된다. 예를 들어 간질 남자와 관련된 연기를 보면, 딸이 남자에 대해서 생각하는 바는 기실 남자 자신에 대한 연정 때문이 아니다. 간질을 앓는 남자가 길에 쓰러져 있을 때 작은 도움을 준 것은 오빠에 대한 연민이 그에게 전이된 것이다. 또한 딸은 오빠

---

20 '의식된 지각'과 관련해서 피셔-리히테는 "'무엇을 의식하면서 지각한다는 것'은, '무엇을 무엇으로 지각하는 것'이며, 이때 의미는 지각행위 안에서 그리고 동시에 지각행위로서 생성된다고 단언한다." Erika Fischer-Lichte, op.cit., p.245. 심재민, 앞의 논문, 145쪽에서 재인용.

의 그림자가 지배하는 집안의 분위기에서 벗어나려고 그 남자의 도움을 받고 싶어 하는 소망 역시 피력하고 있다.

> **여자**　그 사람이 골목 끝에 서 있어요. 그 사람한테 갈 꺼라요. 그 사람한테 달려가서 말할 꺼라요. 델꼬 가 달라고요. 여서 델꼬만 가 달라고요. 그라고 어디에선가 날버려달라고요.[21]

여자는 남자가 집 대문 밖에서 여전히 서성이면서 자신을 찾아와 주기를 마음 한 구석에서는 기대하고 있다. 이것 역시 오빠에 대한 어머니의 집착이 딸에게 미친 영향과 직결된다. 어머니는 그녀에게 오빠에 대한 벗어날 수 없는 짐을 주기 때문이다. 그러나 남자에 대한 기대 심리 속에는 딸이 이 남자를 어떤 측면에서는 한 사람의 남성으로 수용하고 있다는 것 역시 포함된다. 예를 들면 잠든 어머니를 두고 새벽에 딸이 혼자 작업장 문 밖에서 담배를 피우는 장면이 있다. 그녀는 담배를 피운다기보다 초조하게 남자를 기다리고 있다는 인상을 준다. 대문을 향해 뛰어 갔다가 다시 돌아오는 그녀가 입에 담배를 문 채 보여주는 표정연기를 포함한 신체행동연기는 어떤 몽롱하고 나른하며 현실을 벗어난 상태에 빠진 한 여인을 연상시킨다. 마치 어떤 성적 판타지에 사로잡힌 듯한 인상을 주는 그녀를 바라보는 관객은 이 장면에서 그녀가 남자에 대해서 품은 복합적인 감정을 느끼게 된다. 앞가슴이 때때

21　〈상주국수집〉 공연대본, 25쪽.

로 살짝 노출되는 상의를 입고 있는 여자는 다소 혼란스럽고 허전하며 주체하기 어려운 심리상태를 보여주고 있다. 이런 맥락에서 남자는 여자의 복합적이고 다층위적인 심리상태가 빚어낸 하나의 탈출구 구실을 한다. 그러나 여기서 드러나는 심리상태는 단순히 재현 연기에 기인하는 것이 아니라, 배우 유은숙의 신체가 제시하는 것을 관객이 감각적으로 지각하면서 발생하는 일종의 창발적 의미 내지는 연상되는 의미와도 같은 것이다. 배우 유은숙의 연기는 특정 상황에 처한 인물의 심리상태를 직접적으로 모방하는 것이 아니다. 그 상황 자체를 표정과 제스처와 움직임을 통해서 체현해내고 궁극적으로 특정한 분위기를 조성하면서 관객의 감각적 지각을 유도한다. 관객은 유은숙의 신체적 세부행동을 현존으로 감지함과 동시에 그러한 현존이 지배하는 공간의 분위기 역시 감지하게 된다. 또한 그러한 분위기 안에 있는 자신의 현존도 감지하게 된다.[22]

또한 같은 시퀀스의 이전 장면에서 여자는 어머니에게 오빠를 기다리는 일을 단념하라고 설득한다. 여자는 서랍을 들고 흔들면서 바닥을 치기도 한다. 오빠에 대한 어머니의 미련을 청산할 것을 강조하는 행동을 보여준다.

---

22 이런 맥락에서 볼 때, 유은숙의 연기는 게르노트 뵈메가 말하는 '지각사건'에서 나온 '현존의 감지'를 드러낸다. 여기에 대해서 심재민, 앞의 논문, 134~135쪽 참조.

여자　오빠는 안 와요.

　　　(어머니, 말없이 수를 놓는다. 여자, 서랍을 꺼내 들고 와 어머니
　　　에게 속을 보여준다.)

여자　전보는 없어요. 벌써 20년도 더 지난 옛날 일이라요. 바요. 오빠
　　　가 탈영했다카는 전보는 없잖아요. 다 지난 얘기라요. 암만 바래
　　　도 과거는 안 돌아와요. 그거는 환상이라요.[23]

　이 장면에서도 여자는 어머니의 반응 앞에서 눈물을 보인다. 어머니
는 표정 제스처 소리 움직임 등을 통해서 울음인지 웃음인지를 알 수
없는 행동을 보이기 때문이다. 하지만 딸의 눈물 역시 직접적으로 어떤
감정을 재현하지는 않는다. 다만 그 눈물은 관객에게 다양한 감정, 즉
안타까움 아쉬움 괴로움 서러움 등을 야기하는 감각적 자극을 주고 있
다. 여기서 어머니와 딸의 신체행동연기는 메를로-퐁티가 말하는 신체
와 심리의 상호작용, 즉 '실존의 오르내림 운동'[24]과 직결된다. 다시 말
해서 김문희와 유은숙의 연기는 인물의 특정한 심리상태를 직접적으
로 모방하지 않으며, 관객은 그들의 연기에서 어떤 기호적 의미를 바로
읽어낼 수 없다. 그 대신에 관객은 배우들의 신체가 조성하는 분위기를
감지하면서 자신의 감각에 다가오는 다양한 육체적 감정을 갖게 된다.
이 감정은 결국 관객의 의식에 영향을 미치게 되며, 이 감정에 근거해
서 극 중 상황으로부터 돌발적으로 솟아나는 창발적 의미들을 얻는다.

23　〈상주국수집〉 공연대본, 16쪽.

24　이남인, 『후설과 메를로-퐁티. 지각의 현상학』, 한길사, 2013, 178~179쪽.

여자가 어머니의 행동에 반응하는 또 다른 경우를 보면, 흡연 장면 직후에 그녀는 가방을 들고 나가려고 마음먹은 상태에서 잠자는 어머니 곁에 다가와 자수본을 바라보다 이것을 바닥에 던지고 발로 밀어버린다. 그녀는 놀란 채 자신의 양 손을 아래로 뿌리듯이 흔들면서 작은 소리를 지르고 이어서 입에 담긴 물을 자수본에 뿌린다("여자 : 세상에, 기러기를 까맣게. 까맣게.").[25]

어머니가 수를 놓은 기러기가 까맣다는 것은 무엇을 의미할까? 아니 어머니의 기러기는 이 연극에서 어떤 의미맥락 속에 있는 것일까? 여자는 잠자는 어머니를 부르며 아무리 깨워도 어머니는 눈을 감은 채 절대로 깨지 않는다. 어머니가 자수본에 새긴 '까만 기러기'를 딸은 이미 알고 있었지만, 그녀에게 그것은 새로운 의미로 다가온 것이다. 자신의 주체할 수 없는 속마음을 어머니가 이미 알고 있는 듯한 느낌을 받은 것이 아닐까? 어머니의 까만 기러기는 딸이 꾸어왔던 꿈이 더 이상 무의미하다는 것의 반증이다. 원래 어머니는 하얀 기러기를 통해서 현실을 훨훨 넘어서 환상과 자유의 세계를 동경하고 있었다. 다시 말해 현실 부정의 삶을 살아왔다. 하지만 이제 어머니는 그러한 세계가 더 이상 존재하지 않는다는 것을 새삼 깨달았다. 어머니에게는 그저 차가운 현실만이 주어져 있다. 그러기에 기러기는 이제 현실 속의 '까만 기러기'일 뿐이다. 현실로 돌아와 있는 어머니에게 딸은 자신의 현재 속마

---

25 〈상주국수집〉 공연대본, 17쪽.

음을 들킨 게 아닐까 하고 놀라는 것이다. 딸이 여기서 보이는 신체행동연기는 그녀의 대사 내용을 직접 모방하지 않는다. 유은숙 배우는 자신의 행동과 제스처로 관객에게 일종의 감각적 충격을 주선한다. 배우의 신체행동연기는 몸성과 소리성에 입각해서 관객에게 짧고 강렬한 자극을 주면서 동시에 그 상황을 만든 어머니와의 관계에서 형성되는 분위기에 기대어 무대와 객석 사이의 에너지 순환을 촉진한다. 유은숙의 놀란 반응은 결코 섬세하게 나타나지 않는다. 오히려 순간적으로 관객에게 매우 단순하고 강력하게 시청각적인 자극을 가한다. 관객은 유은숙 배우의 수행적 연기에서 비롯된 장면의 분위기에 입각해서 에너지의 교류를 느끼며 더욱 긴장하게 되고 더불어 상황에 대한 시청각적 수용에 의한 창발적 의미를 획득한다. 무대 위 상황이 조성하는 분위기를 감지하면서 그 안에서 다가오는 감각적 자극이 촉발하는 감정으로부터 다양한 의미들이 불쑥 솟아오르는 경험을 마주하게 되는 것이다.

그리고 사촌 언니와 둘이서 오빠에 관한 대화를 하는 장면에서 여자가 보이는 신체행동연기 역시 관객의 육체적 감정을 자극한다. 여자는 이웃에 사는 영숙이 아줌마가 어머니에게 하는 말을 인용하면서 '전시 상황'이라는 사회적 환경을 강하게 언급할 뿐 아니라, 오른손에 쥔 국자를 계속 앞으로 찌르는 행동을 하면서 한쪽 방향으로 전진하는 움직임을 보인다. 관객은 이때 어떤 불안감과 더불어 혼란스러움을 느끼게 된다. 대사에서 강조된 시대 상황이 주는 기호적 의미와 함께 여자가 보여주는 신체행동연기는 마치 무슨 일이 곧 벌어질 것 같은 그런 불안과 동요를 야기하기 때문이다.

이어서 여자는 사촌 언니에게 당시 상황을 설명하는 가운데, 탈영한 후 숨어 있는 오빠를 데리고 오라고 어머니를 채근하는 연기를 실행한다. 그녀는 몸을 앞으로 굽히고 외치면서 몸짓과 제스처를 드러낸다. 관객은 이 장면에서 안타깝고 답답한 심정과 함께 어떤 초조하고 조마조마함을 느끼게 된다. 탈영한 오빠가 처한 상황과 함께 그러한 오빠의 행동 앞에서 어찌할 바를 모르는 누이의 복잡한 심경이 관객의 감각들에 매우 강력하게 몰려오기 때문이다. 관객이 갖는 이러한 육체적 감정은 유은숙의 수행적 연기가 형성하는 분위기에 입각해 있다. 무대와 객석이 거의 분리되지 않은 채 조성되는 분위기는 유은숙의 현존에 힘입어서 관객의 신체에 격렬하게 수용된다. 이로써 공간성을 통한 수행성을 작동시키면서 '자동형성적 피드백 고리'의 생성과 순환을 감지하게 만든다. 무대와 객석 사이에는 자생적인 에너지가 일정 시간 교류되면서 피드백의 고리가 형성된다. 여기서 에너지는 안타까움 답답함 초조함 불안 등의 감정을 야기한다.

이어서 그녀는 어머니의 부재를 깨닫고 행방을 찾기 위해 미아보호소에 전화했다가 발신음만 들리는 송수신기에 대고 마구 독백을 쏟아낸다. 여자는 쭈그리고 앉아서 가슴을 웅크린 채 비명을 지르듯 그렇게 숨겨놓은 자신의 마음을 토로한다. 유은숙 배우의 매우 격하고도 단순한 연기는 섬세하고 세밀한 감정 모방이 아니라, 관객의 감각에 연속적이고 직접적으로 자극을 주면서 강렬한 에너지를 방출한다. 혼돈스러운 자신의 내면을 간신히 붙잡고 있는 인물의 현존이 내뿜는 처절한 분위기를 관객은 있는 그대로 감지하게 되며, 이 분위기는 일정 시간 동안 공간을 지배하면서 수행성을 작동시킨다. 유은숙의 수행적 연기는 이처럼 격정적 에너지의 순환에 힘입어 무대와 객석을 통합한다.

> **여자** 치과의사가 그랬어요! '진짜로 안 아픈 거라요? 아이만 둔한 거라
> 요?' 그 멀로도 날 몬 흔들어요! 난 흔들리지 않아요! 한 번 흔들
> 리기 시작하만 몬 멈춘다는 걸 잘 아니까! 지끔 겨우 멈춰 서있는
> 거니까! 겨우![26]

그 와중에 어머니가 정정한 모습으로 시장을 다녀오는 것을 확인한
여자는 자신의 내적 감정을 마구 쏟아낸다. 탈영한 오빠에 대한 어머니
의 애틋한 모정 앞에서 여자는 죄책감과 함께 원망과 분노의 감정 역시
숨기지 못한다. 이로 인해서 그녀와 어머니 사이에 존재하는 갈등은 관
객 앞에 노골적으로 노정된다. 하지만 그것은 단순한 갈등의 문제에 국
한되지 않는다. 둘 사이에서 해결될 수 없는 보다 근본적인 안타까움과
후회 등의 착잡함을 그들은 서로에게 그렇게 드러내고 있는 것이다. 어
머니 역시 딸의 등을 때리고 밀면서 딸에 대한 숨겨진 원망을 표현해낸
다. 하지만 그들의 상호 행동은 어디까지나 복합적인 감정의 일부일 뿐
모녀 관계를 해칠 만큼의 근본적인 문제는 아니다. 어머니는 곧 딸에게
미안함을 표현하기 때문이다. 오히려 그러한 감정의 표출을 통해서 연
출가는 더욱 근본적인 문제에 대한 관객의 성찰을 유도하고 있다. 관객
은 오빠의 탈영이 갖는 보다 본질적인 상황, 즉 '전시상황'에 준하는 군

---

26 〈상주국수집〉 공연대본, 21쪽.

사문화 시대에서 파생되는 시대적·사회적 조건들에 대한 조망에까지 사유의 폭을 확대하게 된다. 그리고 이 사유는 바로 관객의 감각적 지각과 연결되는 그러한 회로를 통해서 실행된다.

　오빠와 관련된 장면에서 배우들은 과거 사건을 회상함과 동시에 과거 사건을 연기한다. 따라서 무대 위에는 현재와 과거가 혼재한다. 사촌 언니와의 대화가 벌어지는 시공간과 다르게 무대 위에서는 또 다른 과거의 시공간이 펼쳐진다. 오빠에게 닭국수를 마련해줄 요량으로 시장에 다녀온 어머니는 자신에게 감정을 표현하는 딸의 태도에 원망과 불만을 드러내지만 다른 한편으로 자신의 행동을 후회한다. 여기서 어머니의 의식은 여전히 과거에 사로잡혀 있고 과거와 하나됨으로써 오히려 과거의 고통을 망각한다. 어머니는 현재를 포기함으로써 현재의 시각에서 비롯되는 과거의 고통에서 벗어나는 것이다. 여자는 이런 어머니에 대한 안타까움과 연민, 그리고 자신의 죄의식이 혼재된 착잡한 감정에 사로잡혀 지난 20년 세월을 제대로 수습하지 못하고 있다. 왜냐하면 여자는 언제나 현재에서 과거를 바라보기 때문이다. 현재를 살고 있기에 과거의 기억이 현재를 괴롭히는 것이다. 그러므로 무대 위에 등장한 과거 사건의 중심인물로서 오빠에게 던지는 야속한 말은 과거와 단절하려는 그녀 나름의 고통스러운 몸부림이다. 하지만 그녀는 해결되지 못한 과거의 기억에 여전히 사로잡혀 있을 뿐이다. 같은 맥락에서 과거로부터 도망가기 위해 택한 남의 남자는 그저 죄의식에서 비롯된 연민이 택한 남자일 뿐이다. 그 남자는 오빠의 또 다른 모습일 뿐, 결코 그녀를 과거로부터 해방시켜줄 수는 없다. 어머니가 과거의 오빠와 하나 되는 기억에 머무른 채 현재를 지워버림으로써 현재의 고통에서 벗어난 반면, 여자는 현재를 살고 있기에 오히려 아픈 과거로부터 여전히 고통 받고 있다. 그렇게 과거는 현재의 '등'에 올라타서 부담을 주고 있는 것이다.

> **여자** 그 사람한테 달려가서 그 사람 어깨에 매달렸어요. 근데 눈을 떠 보이 내 눈에 보이는 웅크린 등이 그 사람 등이 아니었어요. 오빠 등이었을까요? 그때 골목에서 제가 일으킨 기 그 사람이 아이라 오빠 등이었을까요? 정말로 도망칠 데는 없는 거라요? 싫은데 도 망 치야 데는데. 어머니는 혼자 빠져나가고, 이제 영영 가버리고 난 이래, 여게, 다시 붙들리 있네요.[27]

4.2. 〈테레즈 라캥〉

강량원 연출가는 에밀 졸라(E. Zola)의 소설을 각색하였다. 이 연극은 2008년에 초연되었으며 이듬해에 서울국제공연예술제 초청으로 재공연되었다. 연출가는 원작의 종합적인 이해를 추구하는 것이 아니라, 가장 핵심적인 내용을 드러내는 단편(斷片)들을 배우들의 몸을 통해서 감각적으로 전달하는 데 주력한다. 본고는 특히 이 연극이 표방하는 몸의 감각적 지각에 주목하면서, 인물들 사이에 벌어지는 갈등과 충돌이 배우들의 신체적 현존에서 나온 수행적 연기를 통해서 어떻게 드러나는

---

27 〈상주국수집〉 공연대본, 27쪽.

지에 집중하고자 한다.

이 연극에서 네 명의 배우들이 보여주는 신체행동연기는 공간의 팽팽하게 긴장된 분위기 속에서 펼쳐진다. 이 분위기는 배우들의 연기에서 나온 시청각적인 현상적 물질성뿐 아니라, 단조로운 피아노 소리를 비롯한 음악 소리의 물질성에도 크게 기인한다. 특히 짧은 장면들이 이어지는 가운데 암전에 지각되는 단순하고 반복적인 음악의 청각 이미지는 단연 분위기 조성에 일조한다. 연극은 사건의 논리성 및 인물의 심리적 논리성을 배제하고 단편화된 사건을 나열하면서 행동의 파편화 자체에 집중한다. 배우들은 관객에게 신체행동연기의 현존성을 부각시키고, 뚜렷하고 선 굵게 에너지를 방출하면서 강력한 지각작용을 촉구하고 '지각사건'을 형성한다. 특히 단위행동이 이어져서 세부행동으로 드러날 때, 분명하게 전달되는 중심적 행동은 관객의 감각적 지각을 자극할 뿐 아니라, 집중과 긴장을 요구하고 계속적인 감각의 확장을 재촉

한다. 이로써 관객은 행동의 지각을 통해 어느 순간 의식이 열리며, 더 나아가 어떤 연상 회상 상상 등을 동반하는 창발에 사로잡히는 것을 경험한다. 다시 말해서 관객은 자신의 의지와 무관하게 떠오르는 연상 회상 상상 등에 의해서 어떤 의미들이 솟아오르는 것을 깨닫게 된다.

이러한 연상 등은 관객에게 창발적 의미 구성의 기회를 제공한다. 관객은 창발적으로 떠오르는 어떤 의미들에 사로잡힌다. 여기서 공연 시작부터 돌발적으로 몸의 현상적 물질성을 드러내는 배우들의 연기는 관객의 시선을 단번에 사로잡는다. 불구인 남편의 고통스러운 숨소리와 표정과 눈빛에서 드러나는 에너지는 관객의 감각을 강하게 자극한다. 남편 카미유(김석주 분)를 말리는 그의 어머니 라캥 부인(김정아 분) 역시 에너지를 쏟아내면서 모자(母子)는 현상적 신체의 자기지시성을 드러낸다. 김석주와 김정아의 격렬한 움직임은 기호적 의미로 환원되는 것이 아니며, 에너지를 방출하는 신체 자체로서 관객에게 수용되는 것이다. 두 배우의 연기는 계속해서 변화하는 신체의 진행 과정을 드러낸다. 다시 말해 신체 에너지의 역동성 자체가 관객에게 제시되고 지각되게끔 진행된다. 관객은 배우들의 신체적 현존 연기를 바라보면서 객석으로 퍼지는 에너지 밀도 리듬 등을 통해 팽팽하게 긴장되고 위태로운 분위기가 조성되는 것을 감지한다. 그러한 분위기는 관객의 의식을 지배하면서 인물들이 처한 실존 상황을 깨닫게 만든다. 즉 관객은 배우들의 수행적 연기에서 나온 자기지시성의 감각적 지각을 통해서 바로 그들이 처한 상황의 의미를 파악한다. 어머니는 병든 아들에게 약을 먹이려고 애쓰고 아들은 이를 거부하면서 벌어지는 상황은 그들의 삶의 현실을 적나라하게 노정한다. 여기서 두 인물의 신체가 내뿜는 에너지의 충돌은 관객의 몸에 그대로 각인된다. 인물들의 그 피폐하고 고통스러운 실존의 무게를 관객은 속수무책으로 감지할 수밖에 없다. 그리고 아들의 여행을 만류하는 어머니와 아들 사이에서도 마찬가지로 에너지의 충돌이 감지된다.

더 나아가 시어머니가 며느리 테레즈(김문희 분)에게 여행에 동참할 것을 요구하는 장면에서도 강요와 저항이 부각된다. 시어머니는 자신이 테레즈를 키워준 데 대한 마땅한 보상의 의미로 자기 아들에게 충실할 것을 요구하며, 그 일환으로 아들의 여행에 테레즈가 동행해야 한다고 생각한다. 테레즈는 이에 저항하려 하지만, 어쩔 수 없이 시어머니의 말에 복종한다. 여기서도 강요와 저항의 행동목표가 드러나며, 이로써 두 사람 사이의 에너지의 충돌과 대립이 감지된다. 이처럼 인물들의 충돌과 대립이 발산하는 에너지의 감각적 지각은 배우들의 수행적 연기에서 비롯된다. 극장에는 에너지가 자생적으로 발산되고 그것이 관객과 배우 사이에서 일정 시간 순환되면서 일종의 피드백 고리가 형성되며, 관객에게는 창발적 의미가 주어진다. 이처럼 수행적 연기의 효력이 드러나게 되는 것이다.

이 연극에서 극중인물들의 소망과 욕망은 강력한 에너지와 격정을 표출하는 신체행동연기를 통해서 드러난다. 병약한 아들 카미유의 내재된 욕망뿐 아니라, 아들에 대한 어머니 라캥 부인의 소망과 걱정 역시 인물들의 몸을 통해서 표출된다. 또한 잠재된 욕망으로 고통받는 테레즈와 이를 분출하게 만든 아들 친구(김진복 분)가 함께 만드는 장면들

은 이 연극의 핵심을 형성한다. 결국 인물들 사이에서 벌어지는 갈등
과 대립은 강력한 에너지의 충돌을 통해서 형상화되며, 그 바탕에는 언
제나 배우들의 신체가 자리 잡고 있다. 즉 김문희와 김진복은 자신들의
현상적 신체를 통해서 인물들 사이의 대립과 갈등을 제시한다. 두 사람
은 제스처와 표정뿐 아니라 움직임과 거친 숨소리, 후끈한 열기와 땀의
표출 등을 통해서 격정과 에너지를 토해낸다. 이러한 신체행동연기의
단조로운 반복에 입각한 신체적 현존이 실행하는 에너지의 방출을 통
해서 좁은 소극장 내의 관객에게 강렬한 피드백이 주선되며, 에너지의
순환을 통한 피드백 고리가 형성된다. 다시 말해 배우들의 신체가 주는
현존은 관객의 감각적 지각을 직접적으로 자극하며, 다양한 육체적 감
정을 야기한다. 관객은 무대 위 인물들이 처한 상황에 대해 답답함, 안
타까움, 연민, 성적 자극 등을 포함한 여러 감정에 사로잡히게 된다.

테레즈는 병든 남편을 수발해야 하는 데서 오는 고단함과 외로움을 해소할 길이 없다. 남편 친구는 이런 그녀에게 필연적인 탈출구가 된다. 그녀의 내면에 존재하는 자유에의 갈구는 결국 남편 친구를 통해서 발산된다. 그녀는 그와 반복해서 정사에 빠져든다. 이때 김문희와 김진복의 단조롭고 반복적인 몸짓과 제스처에서 드러나는 응축되고 밀도 있는 세부행동 연기는 재현적 감정연기가 아니다. 행동목표에 의해 설정된 중심적 의미를 신체적 체현을 통해서 보여주는 현존적이며 수행적인 연기이다. 특히 무표정에 가까운 단순한 표정과 행동을 반복함으로써 관객의 감각기관을 자극할 때, 관객은 지각을 통해서 긴장하게 될 뿐 아니라, 더 나아가 계속적인 감각의 확장을 경험한다. 테레즈와 남편 친구 사이에 벌어지는 애정행각은 감옥 같은 삶에서 벗어나려는 테레즈의 지독한 현실도피이자 동시에 자유에 대한 갈구이다. 하지만 결과적으로 그녀는 처절한 자기연민에 사로잡히게 된다. 정사 이후에 김문희가 무표정한 가운데 흘리는 눈물이나 괴성에 가까운 웃음 등을 통해 드러내는 현존적 연기는 관객에게 긴장과 집중을 요구하면서 감각적 지각의 다양한 통로를 확장시키는 효과를 얻는다. 이로써 관객은 어느 순간에 지각에서 의식이 열리는 경험을 하며, 이처럼 테레즈의 감성이 방출하는 여러 결의 의미들을 떠올리게 된다. 관객은 회상이나 상상이나 연상 등에서 비롯된 의미들을 접하게 되는 것이다.

친구에 의해 남편이 살해되는 것을 목격한 테레즈는 고통스러운 삶의 상황에 처해 어찌할 바를 모르고 괴로워한다. 그녀가 보여주는 제스처는 관객에게 불안과 혼란과 죄책감 등의 감정을 그대로 노정한다. 이로써 신체행동연기의 행동목표가 확실히 전달된다. 그러니까 테레즈역 김문희의 연기는 그러한 감정들을 모방하고 재현하는 것이 아니라 신체를 통해서 분위기를 조성하고 관객에게 시청각적 자극을 일깨운다. 이로써 관객은 직면한 상황 안에서 분위기를 감지하게 된다. 또한 아들의 죽음을 겪고 검은 상복을 입은 어머니가 보여주는 심리 역시 관객에게는 철저하게 몸을 통해서 감각적으로 다가온다. 어머니역 김정아는 바닥에 누워 입을 벌리고 있으며, 테레즈역 김문희 역시 검은 상복을 입고 있다. 그들은 일그러진 얼굴에 소리 없는 울음을 담고 손을 뻗는다. 이 연기로 인해 관객은 고통을 비롯한 혼재된 감정을 지각하며, 극장 공간에는 다양한 감정에서 비롯된 에너지가 방출되고 순환되며 이 분위기를 관객과 배우들은 함께 감지한다. 이로써 수행성은 작동한다. 아들의 죽음을 둘러싸고 시어머니와 며느리 사이에 벌어지는 상황 역시 관객의 주목을 끈다. 시어머니는 "내 경고를 무시했어"라는 말을 하며 아들 죽음에 대한 며느리의 책임을 강조하지만, 테레즈는 오히려 "그 이를 죽인 것은 어머니야"라고 응수한다. 두 사람 사이에는 또 다시 충돌과 갈등이 드러나며, 이 과정에서 어머니를 말리는 남편 친구와 어머니 사이에도 에너지의 충돌과 대립이 노정된다. 이처럼 충돌과 대립에서 비롯되는 에너지의 방출과 수용은 결국 배우와 관객 사이에서 신체를 통한 상호 교류의 토대가 되며, 수행적 연기를 가능하게 만든다.

테레즈는 남편의 죽음 이후 죄책감과 괴로움에 사로잡힌다. 그뿐만 아니라 이전과 다르게 오히려 남편을 사랑하게 되었다고 고백한다. 하지만 이제 더 이상 방해자가 없다는 생각에 사로잡혀 해방감을 표시하는 남편 친구는 노골적으로 테레즈의 몸을 탐한다. 그는 그녀에게 성적인 강요를 하고, 그녀는 이를 회피하려 한다. 이 상황에서 남편 친구는 사자의 시신에 대해 끔찍하게 묘사함으로써 관객의 육체적 감정을 자극한다. 남편에 대한 죄책감을 드러내는 테레즈역 김문희의 연기는 울음뿐 아니라, 표정과 손의 제스처를 통해서도 그대로 전달된다. 김문희의 강력하고도 분명한 표정은 큰 눈과 벌린 입에 의해 부각되는데, 동시에 그녀는 손가락에도 잔뜩 힘을 표출하면서 전체적으로 강력하고 단일한 행동을 제시한다. 이처럼 김문희의 신체행동연기는 관객으로 하여금 에너지를 신체로 감지하게 만든다. 그녀는 남편이 죽은 후에 오히려 그를 사랑하게 되었다고 강조하며 동시에 남편 친구를 증오한다고 면전에서 내뱉는다. 그녀는 "남편을 다시 살릴 수 있다면 당신을 죽이고 싶어요. 날 죽여줘요"라고 덧붙인다. 이 말은 김문희 배우가 보이는 신체행동연기와 함께 극적 상황을 더욱 긴장으로 몰아간다. 양심의 가책을 느끼는 테레즈가 겪는 심리적 갈등과 혼돈에 기인한 강력한 신체적 현존은 먼저 그녀의 대사에 의해서 구체적으로 부각되며, 관객을 긴장과 흥분으로 빠져들게 만든다. 두 인물 사이의 갈등과 대립으로 인해서 극장 공간에는 팽팽한 긴장과 강렬한 흥분으로 충만한 분위기가 자생적으로 조성되며, 이 분위기는 공간에서 피드백 고리를 통해서 일정 시간 순환하게 된다. 즉 무대와 객석 사이에는 밀도가 충만한 에너지의 피드백 고리가 만들어진다.

그런 가운데 남편 친구 역시 살인으로 인한 죄의식에서 벗어날 수 없는 심리 상태에 빠지게 된다. 칼을 들고 있는 테레즈 옆에서 남자는 수

통 물에 약을 탄다. 남자는 이 물을 마시고 테레즈는 그런 그를 바라본다. 이어서 테레즈 역시 남자의 권유로 약물을 마신다. 결국 두 남녀는 약기운에 중독된 채 허우적대는 몸짓을 하고, 마침내 암전이 온다. 이 처연한 상황을 시청각적으로 지각하는 관객은 다양한 감정을 가질 수밖에 없으며, 그러한 감정에서 비롯되는 여러 의미들을 자신의 연상과 상상과 경험 등을 동원해서 창발적으로 떠올리게 된다. 결국 이 연극에서는 배우들의 수행적 연기에서 비롯된 분위기와 에너지가 자극하는 감각적 지각이 관객에게 수용되는 과정을 통해서 궁극적으로 창발적 의미가 형성되며, 이로써 재현연기와 다른 신체행동연기의 변별성이 부각된다.

참고문헌

1차 자료

〈상주국수집〉 공연대본
〈테레즈 라캥〉 공연대본

2차 자료

김기란, 「현존적 재현 구현을 위한 신체행동연기의 구축—강량원 연출의 극단 동(動) 연구」, 『한국연극학』 47, 한국연극학회, 2012, 69~92쪽.

김형기, 『포스트드라마 연극의 지각방식과 관객의 역할』, 푸른사상, 2014.

남상식, 「신체적 연기술의 연출—강량원과 극단 동의 작업을 중심으로」, 『한국연극학』 37, 한국연극학회, 2009, 245~279쪽.

심재민, 「몸의 현상학과 연극비평」, 『동시대 연극비평의 방법론과 실제』, 한국연극평론가협회 편, 연극과인간, 2009, 201~231쪽.

———, 「수행적 미학에 근거한 공연에서의 지각과 상호매체성」, 『한국연극학』 60, 한국연극학회, 2016, 115~167쪽.

———, 「강량원과 극단 동의 연극」, 『한국엔터테인먼트산업학회논문지』 13-3, 한국엔터테인먼트산업학회, 2019, 139~155쪽.

———, 「강량원과 극단 동의 연극 미학」, 『한국엔터테인먼트산업학회논문지』 14-3, 한국엔터테인먼트산업학회, 2020, 307~322쪽.

이남인, 『후설과 메를로-퐁티. 지각의 현상학』, 한길사, 2013.

E. Fischer-Lichte, 「기호학적 차이. 연극에서의 몸과 언어—아방가르드에서 포스트모던으로」, 심재민 역, 『연극평론』, 2005년 여름호, 238~258쪽.

Fischer-Lichte, Erika, *Ästhetik des Performativen*, Frankfurt a. M. : Suhrkamp, 2004.

http://cafe.daum.net/monR

무대화된 한국 근현대사 속
남성성의 문제

:극단 명작옥수수밭의 역사극 속 배우 김동현의 자리

전지니

무대화된 한국 근현대사 속 남성성의 문제

극단 명작옥수수밭의 역사극 속 배우 김동현의 자리[1]

1. 극단 명작옥수수밭과 '대중적인 역사극'이라는 지향점

이 글은 극단 명작옥수수밭이 만들어온 "한국 근현대사 재조명 시리즈"와 그 안에서 늘 극의 중심에 있었던 배우 김동현의 캐릭터성에 대해 고찰하는 것을 목표로 한다. 논의 대상은 〈세기의 사나이〉(2019), 〈깐느로 가는 길〉(2021), 〈타자기 치는 남자〉(2021) 그리고 가장 최근에 무대에 오른 〈메이드 인 세운상가〉(2022)이다. 알려진 것처럼 명작옥수수밭은 2018년 이후 역사극 창작이라는 작업에 천착해왔으며, 이외에도 한국 근현대사의 이면과 관련해 상상력을 발휘한 〈어느 마술사 이야

---

[1] 글을 준비하는 과정에서 배우 김동현과 인터뷰를 진행하며 그의 연기관과 캐릭터 해석에 대한 이야기를 들었다. 또한 명작옥수수밭 최원종 연출로부터 대본, 사진 등 자료 확보와 관련해 많은 도움을 받았다. 두 분께 깊은 감사를 드린다.

기〉(2018), 〈패션의 신〉(2022) 같은 작품을 무대에 올렸다. 이 글은 연출가 최원종의 페르소나라 할 수 있는 배우 김동현이 전면으로 나선 텍스트와 그가 맡은 캐릭터의 형상을 중점적으로 논의하며, 명작옥수수밭의 역사극 속 남성 간 동성사회적 연대와 남성성(들)의 구현 양상에 주목한다.[2] 이 과정에서 배우 김동현과 진행한 역사극 속 캐릭터 해석에 대한 인터뷰를 참조하며 극단의 역사극과 배우가 구축한 캐릭터성의 상관성을 짚어보려 한다.[3]

그간 명작옥수수밭이 제작한 역사극의 특징은 다음과 같이 요약해볼 수 있다. 극단은 대학로에서 비교적 다작을 하는 극단 중의 하나이며, 지원 제도하에서 빈번히 수혜를 입었던 단체이기도 하다. 실례로 이 글에서 중점적으로 논의하는 네 편의 작품 중 세 편이 '공연예술창작산실 〈올해의 신작〉'으로 선정된 이력이 있으며, 〈어느 마술사 이야기〉와 〈타자기 치는 남자〉가 서울문화재단 예술작품지원의 수혜를 받았다. 다음으로 한국 근현대사에 대한 지속적인 천착을 들 수 있는데, 극단은 연출가이자 극작가인 최원종이 대표를 맡아 극작가 차근호와 지속적으로

2　극단 제작 역사극 중 〈어느 마술사 이야기〉의 경우 배우 김동현이 출연했지만 극의 중심에 놓이는 것은 마술사를 연기한 남명렬이며, 〈패션의 신〉에서 시국과 예술적 신념 사이에서 고민하는 유학파 디자이너는 배우 이종무가 연기했다는 점에서 주 분석 대상에서 제외한다.

3　배우 김동현과의 인터뷰는 2022년 6월 19일 대면으로 진행하였다. 향후 인터뷰 내용을 서술할 경우, 각주를 통해 해당 내용은 인터뷰에서 발췌한 것임을 밝힌다.

협업하는 방식으로 역사극 창작을 이어가고 있다. 마지막으로 대중적인 연극의 지향을 언급할 수 있다. 〈패션의 신〉 팸플릿에서 "대중적인 역사극" 창작을 모토로 한다고 밝힌 것처럼,[4] 극단은 폭압적인 근대사와 냉전 상황을 논의하며 그 속에서 희생되어가는 개인·소시민에 대해 이야기하지만 시종일관 유머를 잃지 않는다.

연출가 최원종은 역사극 기획 의도에 대해 "잘못된 역사는 잘못된 선택으로 만들어진다. 똑같은 잘못을 반복하지 않기 위해서는 우리의 과거와 현재를 냉철하게 들여다볼 필요가 있다."[5]는 의견을 피력한 바 있다. 이 같은 기획 의도와 관련해 명작옥수수밭의 역사극 속에서 시대와 체제를 넘어서는 통찰력을 갖지 못했던/않았던 개인은 역사 속에서 희생되거나 혹은 그 무게를 묵묵히 이를 견뎌낸다. 그리고 김동현은 극단이 제작한 역사극의 지향점 혹은 정체성을 보여주는 근현대사 속 소외된 개인을 반복해서 연기했다. 그는 명작옥수수밭이 제작하는 다수의 연극에 이름을 올렸으며, 진지함과 가벼움의 경계를 넘나드는 캐릭터는 극단이 지향하는 역사극의 방향과 잘 맞물릴 수 있었다. 관련하여

---

4 내용은 다음과 같다. "역사를 소재로 하는 작품일수록 그 어떤 작품보다 동시대 관객에게 다가갈 수 있도록 대중적 친화력을 갖추어야 한다." (〈패션의 신〉 공연 팸플릿 중)

5 한국문화예술위원회, 「우리의 잠수함은 어디로 향할 것인가? 극단 명작옥수수밭 〈메이드 인 세운상가〉」, 2021.12.30. https://post.naver.com/viewer/postView. naver?volumeNo=33032300&memberNo=18719577&vType=VERTICAL (검색일 : 2022.1.4)

프로덕션 과정에서 배우들의 의견을 적극적으로 고려하고 반영하는 연출자의 특성상,[6] 극작·연출·배우의 논의 과정에서 지금의 결과물이 만들어졌다.

언급한 것처럼 명작옥수수밭이 지속적으로 근현대사의 이면을 통찰해왔음에도, 극단의 역사극 작업에 대한 담론은 충분히 형성되지 못한 것으로 보인다. 이는 극단의 역사극 창작 작업 이력이 아직 길지 않은 것 외에도 단체가 지향하는 '대중적'인 역사극에 대한 호오가 갈리는 것과 관련지어 볼 수 있다. 극단의 작업과 관련하여 유연주는 김동현의 연기 이력에 주목한 바 있다.[7] 그에 따르면 김동현은 〈에어로빅 보이즈〉(2012)부터 최원종 연출과 함께 작업을 진행해왔고, 지금까지 "명작옥수수밭 배우인 듯 아닌 듯"[8] 공연을 계속하고 있다. 유연주는 〈세기의 사나이〉를 논하며 대극장 무대에서 이만큼 장악력을 발휘할 수 있는 배우로 김동현을 대체할 인물을 떠올리는 것이 어렵다고 언급한 바 있다.[9]

명작옥수수밭의 연극과 관련해 역사에 대한 진지한 성찰을 통한 극적 메시지, 역사적 사건과 상상력을 조합한 안정된 대본, 연기의 합과

---

6   배우 김동현과의 인터뷰 중.

7   김동현은 여러 매체와 다수의 인터뷰를 진행했지만, 그의 연기에 대한 본격적인 비평은 찾아볼 수 없다.

8   유연주, 「[배우 김동현과의 만남] 연극을 사랑해서 행복한 배우」, 『공연과이론』, 2019.06, 공연과이론을 위한 모임, 169~178쪽.

9   위의 글, 174쪽.

연출의 조화에 대해서는 일관적인 호평이 이어지는 것을 확인할 수 있다. 다만 역사극에서 추구하는 가벼움의 정도와 방식, 캐릭터들이 부딪히는 과정에서 메시지를 구현하는 문제, 소외된 남성의 역사를 구현하며 노출되는 젠더적 측면의 한계에 대해서는 평가가 엇갈린다. 여기서 명작옥수수밭이 만드는 연극의 특징은 자연스럽게 김동현이 형상화한 극 중 캐릭터의 정체성과도 결부될 수 있을 것이다.

극의 시간적 배경과 관련하여 〈세기의 사나이〉가 1919년부터 2019년까지의 한국 근현대 백년사를 다루겠다는 야심의 성과였다면, 〈깐느로 가는 길〉은 20세기를 접는 세기말을 배경으로 하고 있었고, 〈타자기 치는 남자〉는 전두환 시대 삼청교육대 사안을 다루었다. 그리고 올해 무대에 오른 〈패션의 신〉은 베트남전쟁 참전이 화두가 된 1960년대 박정희 정권 초기 상황을, 〈메이드 인 세운상가〉는 아시안게임을 성공적으로 마무리한 1986년을 배경으로 한다. 〈세기의 사나이〉가 한일합방으로부터 출발해 3·1운동, 태평양전쟁, 한국전쟁, 그리고 베트남전쟁까지를 아우르고 있었던 것을 감안하면[10] 이후 극단의 역사극 작업은 좀 더 구체적인 시대와 사건을 배경으로 하는 점을 확인할 수 있다(표 1).

---

10 실제 공연에서는 한국전쟁으로 과거사 재현이 마무리되고 2019년 현재를 비추는 것으로 마무리되었다. 김동현에 따르면 베트남전 시퀀스는 본공연 당일에 덜어내는 것으로 결정되었다. (배우 김동현과의 인터뷰 중)

표 1. 명작옥수수밭 제작 역사극(2018.12.-2022.1.)의 배경 시기와 주요 사건

작품명	극 중 배경 시기	주요 사건/소재
〈어느 마술사 이야기〉 (2018)	박정희 통치 시기 (1970년대)	10월 유신
〈세기의 사나이〉(2019)	1910년-2019년(현재)[11]	한일합방, 3.1운동, 태평양전쟁, 한국전쟁
〈깐느로 가는 길〉(2021)	IMF 시기(1998년)	IMF, 고난의 행군
〈타자기 치는 남자〉(2021)	전두환 통치 시기(1983년)	삼청교육대
〈무희-무명이 되고자 했던 그녀〉(2021)	근대계몽기(1907년)	국채보상운동
〈패션의 신〉(2021)	박정희 통치 시기(1964년)	베트남 전쟁 파병
〈메이드 인 세운상가〉 (2022)	전두환 통치 시기(1986년)	평화의 댐 건설

　　정리하면 명작옥수수밭이 지향하는 대중적인 역사극 속에서, 배우 김동현은 "역사적 딜레마 앞에 선 소시민"[12]으로 무대에 반복적으로 형상화되었고, 작품에 대한 호오가 갈릴지언정 그의 연기와 무대 장악력에 대해서는 호평이 이어졌다. 관련하여 김동현은 〈어느 마술사 이야

11　위에서 언급한 것처럼 한국전쟁 이후부터 2019년까지의 시간은 무대 위에서 생략되었다.

12　극단은 한국 근현대사 재조명 시리즈의 키워드를 "역사적 상황이 던진 딜레마"와 "그 딜레마 앞에 선 소시민"으로 둔다. 한국문화예술위원회, 「유쾌하지만 날카로운 풍자, 연극 〈메이드 인 세운상가〉 인터뷰」, 2022.1.19. https://blog.naver.com/jump_arko/222624847487

기〉에서부터 극단의 역사극에 출연하며 역사의 한가운데에 있는 평범한 인간 군상에 매력을 느꼈고, 캐릭터를 해석할 때 어떤 식으로든 역사에 영향을 주는 민중의 모습을 구축하는 것에 주안점을 두었다. 그는 작품 전체의 방향성을 고려하고 극 중 캐릭터를 만들어가는데, 인물의 선택과 변화를 통해 관객에게 전달될 수 있는 메시지를 고려하였다. 김동현은 스스로 배우가 캐릭터를 부각되는 데 치중하면 드라마가 잘 안 보일 수 있다는 견해를 갖고 있고,[13] 이 같은 신념이 극단이 구현하고자 하는 역사극의 방향, 곧 역사에 휩쓸린 개인의 이야기와 맞물릴 수 있었다.

이 글에서는 젠더 편향적이라는 지점에서 극단의 연극에 대한 아쉬움이 표명되었던 것과 관련하여, 남성 연대가 강조되는 명작옥수수밭의 역사극에서 배우 김동현이 구축한 주변화된 남성 캐릭터와 남성성에 주목한다. 그가 반복해서 연기해온 인물들은 역사의 무게 속에서 유머와 페이소스를 잃지 않는데, 극 중 남성들이 구축하는 동성사회성(homo sociality)에 입각한 근현대사 안에서 김동현의 캐릭터와 연기 방식이 극단의 연극에 대한 새로운 해석 지점을 만들어내기 때문이다. 이를 감안해 명작옥수수밭 역사극의 방향성과 관련해 김동현이 구현한 소시민적 남성성의 문제를 논의하고자 한다.

---

13 배우 김동현과의 인터뷰 중.

2. 배우 김동현이 구축한 소외된 남성의 역사

극작가 차근호는 명작옥수수밭의 역사극 안에서 줄곧 주류에서 밀려난 남성들, '쭉정이' 캐릭터를 형상화했으며, 김동현은 극단 작업을 이어가며 가부장적 권위와 책임의 무게로부터 거리를 둔 캐릭터를 구축했다. 그가 명작옥수수밭의 역사극 안에서 연기한 캐릭터는 적통에서 배제된 서자(〈세기의 사나이〉), 위장 영화사를 차리고 감독의 꿈을 꾸는 주변부 간첩(〈깐느로 가는 길〉), 제자를 의도치 않게 삼청교육대로 보내고 술에 의존하여 살아가는 교사(〈타자기 치는 남자〉), 불법비디오 유포 업자(〈메이드 인 세운상가〉)다. 비단 역사극 외에도 극단이 제작한 여성의 노동 현실을 다룬 연극 〈헤비메탈 걸스〉에서, 김동현은 비참한 현실에 온기를 불어넣는 음악 교습소 선생을 비롯해 승진에서 누락된 부장을 연기한다. 힘을 빼고 비관적 상황을 웃음으로 승화시키거나 거역할 수 없는 역사적·사회적 흐름 속에서 일상을 살아가는 생활인으로서의 면모는 이 같은 주변화된 남성성을 구축할 때 용이하게 발현된다.

조지 모스는 서구 문화 속 남성성(masculinity)과 관련하여 남자다움(manliness)은 근대성의 위험으로부터 기존 질서를 보호하는 안전장치였으며, 남성 이상형이 국민, 숭고함, 전쟁 등의 관념 속에서 중요한 역할을 수행했고 현대사의 모든 분야에서 영향을 미쳤다는 점에서 이는 역사적 현상으로 분석되어야 한다고 설명한다.[14] 그에 따르면 남성성은 특

---

14 조지 L. 모스, 『남자의 이미지』, 이광조 역, 문예출판사, 2004, 10~11쪽.

정한 도덕적 규범과 외모, 행동과 태도에 대한 규범적인 기준에 의존하고 있으며, 이는 남성 스테레오 타입과 반대되는 인물형(남자다운 남자가 아닌 모든 사람)과의 대립을 통해 이미지가 강화된다.[15] 그런데 명작옥수수밭의 역사극 속 남성 주인공, 김동현이 구축한 캐릭터는 이 같은 긍정적 남성성, 진정한 남자다움의 자질로부터 벗어나 있다.

〈세기의 사나이〉에서 박덕배의 아버지가 역설하는 것처럼, 서자인 그는 쭉정이인 자신 대신 동생을 먼저 챙기는 운명을 부여받은 인물이다.[16] 아버지의 유언 같은 전언을 전해들을 때, 박덕배는 서운하지만 운명 앞에 체념한 얼굴로 유지를 받아든다. 상황은 씁쓸하지만 제대로 된 반항조차 하지 못하고 억울함과 담담함을 동시에 보여주어야 하는 상황은, 역사의 무게를 감당하며 일상을 살아가는 소시민의 상황을 압축하여 보여준다.

명작옥수수밭의 역사극 속에서 김동현이 맡은 캐릭터는 시대와 체제에 대한 판단력이 결여되어 있으며, 적당히 세속적이지만 관객 입장에서 공감할 만한 소시민적 인물이다. 김시무는 영화에 한정하여 '스타 페

---

15 위의 책, 13~30쪽, 254~266쪽.

16 **덕배 父** 명심해라. 우리 가문 적자는 도현이다. 도현이는 진국이고 너는 쭉정이고. 약속해라. 니가 죽어도 도현이는 살린다고. 어여.

덕배 예.

덕배 父 이거 하나 제대로 하면 너도 조상님 볼 면목이 있지 않겠냐? 아무리 상 것의 피가 흐른다고 해도.

(차근호, 「세기의 사나이」, 『공연과이론』 2019.6, 공연과이론을위한모임, 283쪽.)

르소나(star persona)'를 설명하며, 한 스타(주연)가 출연작을 통해 경력을 쌓아가며 나타나는 스크린의 집합적 개성이라고 설명한 바 있다.[17] 관련하여 김동현은 극단 역사극의 남성 주인공을 연기하며 역사 속 비극의 목격자 혹은 희생양으로서의 소시민 형상을 구축해간다.[18] 장르는 다르지만, 이는 한국 근현대사 속 상처 입은 남성이라는 점에서 배우 송강호가 근현대사 소재 영화를 통해 구축해온 페르소나, 남성 인물들과 겹치는 지점이 있다. 이들은 역사의 소용돌이에 휘말리는 남성 소시민을 연기하며, 시대의 폭력을 고발하는 역할을 맡는다는 점에서 배우가 구현하는 캐릭터성에 주목해볼 수 있는 것이다. 관련하여 서인숙은 송강호의 연기 활동과 관련해 "평범한 소시민이라는 남성성을 오히려 자신만의 독특한 성격화로 구축하는 데 성공함으로써 스타 반열에 오른 배우"라고 설명한 바 있다.[19]

그런데 배우의 페르소나와 관련해 송강호가 연기한 캐릭터와 그가 구축한 페르소나는 단순히 역사, 현실의 희생자에 머물지 않고 자신의

---

17 김시무, 「스타 페르소나와 관객 간의 상호 연관성 연구」, 『영화연구』 32, 한국영화학회, 2007, 68쪽.

18 이 같은 관점은 스타가 개별 작품 속에 존재하고 작품 속에서 의미작용을 하는 양상에 초점을 맞춘다는 점에서 '기호로서의 스타 연구'에 해당한다. 이 글의 경우 이 중 작품 속 캐릭터로서 스타에 주목하며 캐릭터의 관점에서 텍스트를 연구한다(리처드 다이어, 『스타 이미지와 기호』, 주은우 역, 한나래, 1995, 17~23쪽, 222~237쪽).

19 서인숙, 「배우 송강호의 페르소나 연구」, 『드라마연구』 56, 한국드라마학회, 2018, 151쪽.

극단적 인물군 사이에 중간자로 존재하는 남성 주인공(《세기의 사나이》)

결함과 결핍을 극복하며 궁극적으로 "긍정적인 남성성"을 구현한다.[20] 곧 한국의 근현대사를 다룬 상업영화 속에서 구축된 배우의 페르소나가 여성—약자의 죽음을 계기로 각성하고 폭력에 항거하게 되는 긍정적인 남성이라면,[21] 김동현의 페르소나는 비극의 목격자 혹은 유약한 희생양, 곧 주변화된 남성성으로 남아버린다. 이는 역사의 변화에 대한 전

---

20 위의 논문, 160~167쪽.

21 송강호가 연기한 남성들은 〈살인의 추억〉에서 소녀의 죽음, 〈괴물〉에서 딸의 죽음, 〈변호인〉에서 이웃 대학생의 고문, 〈밀정〉에서 여성 독립운동가의 죽음을 목도한 후 각성하여 시대와 더 적극적으로 대립하게 된다. 이에 대해서는 정우숙, 「봉준호 영화의 소녀상 연구」, 『여성문학연구』 23, 한국여성문학학회, 2010, 275~308쪽을 참조함.

망보다는 시대의 비극을 관조하는 입장을 취하는 제작진의 역사인식과 결부될 수 있을 것이다.

언급한 것처럼 역사 속 "딜레마에 선 인간", "딜레마에 선 소시민"은 명작옥수수밭 역사극을 관통하는 키워드이다. 연극 속에는 줄곧 체제나 이념 같은 거대한 화두에는 별 관심이 없는 소시민들이 등장하며, 역사 속에 던져진 인물들은 정의와 실리, 예술과 이념, 저항과 타협 등의 기로에서 늘 선택을 강요받는다. 작품 속 남성 주인공은 이 같은 극단적인 이분 구도 안에서 늘 어정쩡한 입장을 취한다. 차근호, 최원종 콤비의 역사극은 빈번하게 정반합(正反合)의 구조를 취하는데, 김동현이 연기한 〈세기의 사나이〉의 박덕배, 〈타자기 치는 남자〉의 김문식은 두 가지 상반된 가치 모두를 끌어안지도 혹은 배제하지도 못한 채 시류 속에서 휩쓸려버리는 소시민이다. 〈깐느로 가는 길〉의 남파간첩 한정민의 경우 북한과 남한, 이념과 예술 사이에서 상대적으로 명확한 지점에 위치하지만 종국에는 마찬가지로 희생당한다. 곧 〈세기의 사나이〉에서부터 〈타자기 치는 남자〉에 이르기까지 김동현이 연기한 남성 주인공은 두 유형의 인물, 양극단에 있는 가치의 기로에서 우왕좌왕하는 모습을 보인다. 실리를 우선하지만 일말의 정의를 배제하지도 못하는 남성들의 형상은 제작진이 선택한 주변화된 남성의 가장 평범한 얼굴이자 배우 김동현의 페르소나로 구축된 것이다.

실례로 〈세기의 사나이〉에서 극의 중심에 있는 박덕배는 양반의 서자이자 생존을 우선시하는 개인으로서 애국(길자중)과 매국(배민국), 양반(길자중)과 노비(배민국)의 중간에 끼어 있다. 그는 적극적인 애국과 친일 사

역사적 비극의 목격자로서의 민중(《세기의 사나이》)

이에서 살아남기에 급급하여 창씨개명을 했지만, 일본 제국에게는 소극적인 반항을 하며 하루하루를 영위하는 회색지대에 있는 인물이다. 극 중 박덕배는 친구의 변절, 딸의 위안부 징집, 친일파의 복권, 동족상잔의 전쟁과 같은 비극적 상황 속에서 주어진 시간과 역사적 운명을 감당한다. 박덕배의 경우 배우 김동현이 연기한 역사 속 인물 중 가장 가벼워 보이는 인물이다. 극이 저승사자의 오류로 인해 한 세기를 관통하게 된 인간이라는 판타지적 설정에 입각해 있는 만큼, 박덕배는 시공을 초월한 만화적 인물로 설정되며[22] 이는 스크린을 활용해 만화 일러스트

22　정중헌, 「[정중헌의 문화와 사람] '뜻밖의 대어'를 만나다…박력 넘쳤던 연극 '세기의 사나이'」, 『인터뷰365』, 2019.3.6. https://www.interview365.com/news/articleView.html?idxno=85395 (검색일 : 2021.12.27)

를 제시하는 형식적 실험과 결부되어 있는 것이기도 하다. 주지할 점은 박덕배가 극의 중심에서 역사적 사건에 적극적으로 휘말리기보다 이를 관망하는 존재로 등장한다는 점이다.[23] 그는 본인은 징용 대상이 되고 딸은 위안부로 끌려가는 비극의 당사자가 되지만, 저승사자와의 약속으로 인해 살아남아 이후에 이어질 분단과 전쟁이라는 상황을 목도하게 된다. 곧 〈세기의 사나이〉 속 박덕배는 역사 속 무력한 민중이자 주요 사건의 관찰자로서 관객에게 한국 근현대사 100년을 압축하여 전달한다.

> 사람들과 덕배의 만세가 엇갈린다. 얼핏 보면 덕배가 만세를 선창하는 것처럼 보인다.

만세女   여러분! (덕배를 가리키며) 저 선생님의 선창을 따라 합시다.
덕배   (만세女의 말에 당황하지만 별수 없이) 대한 독립 만세!
사람들   대한 독립 만세!

> 난감한 덕배, 무리에서 벗어나려 발길을 돌리는데 사람들은 더 크게 만세를 부르며 덕배의 뒤를 따른다. 더욱 커지는 만세 소리.
> 총소리가 들린다. 사자(使者)가 들어온다. 그는 우편배달부 차림이다.[24]

---

23 이 같은 측면은 저승사자가 전장에서 죽은 사람들의 이름을 부르는 것을 묵묵히 지켜보는 장면에서 극대화된다.

24 차근호, 앞의 글, 288쪽.

주목할 점은 김동현이 박덕배를 연기하는 방식이다. 〈세기의 사나이〉는 명작옥수수밭의 역사극 중 가장 판타지적이고 코미디 성향이 강한 연극이다. 이 작품은 배우 김동현의 코미디 연기가 가장 빛을 발한 작품이며, 그는 역사 속 개인의 무력함을 드러내는 과정에서 극이 침울해지지 않도록 중심을 잡는다. 죽은 길자중의 두 아들이 한국전쟁기 각각 국방군과 인민군으로 전쟁에 참여할 때 박덕배가 그 둘을 중재하는 것처럼, 배우는 역사적 비극과 코미디적 상상력에 입각한 판타지라는 두 간극 사이에서 극이 어느 한쪽으로 경도되지 않도록 중심을 잡고 있다. 역사를 관조하는 방식은 극 중 박덕배의 태도를 비롯해 배우의 캐릭터 해석과 관련될 수 있을 것이다. 김동현은 딸의 죽음과 친일파의 복권이라는 상황 앞에서 비통해하거나 분개하기도 하지만, 박덕배가 역사적 사건의 관찰자이자 역사와 관객 사이의 중재자라는 점을 감안해 인물에 지나치게 이입하는 대신 적당한 거리를 유지하며 인물의 관찰자적 면모를 부각한다. 이는 시대 속에서 무력할 수밖에 없는 개인의 이야기를 다룬 제작진의 역사에 대한 태도와 결부될 수 있을 것이다. 극 중 주변화된 남성 주인공은 시대와 적극적으로 불화하지 못한 채 비극의 관찰자로 남아버리면서, 작품 저변에 깔려 있는 염세주의적 세계관을 대변하게 된다.

이후 명작옥수수밭의 역사극은 점차 진중해지며, 판타지적 설정은 걷어내고 냉전 상황과 국가적 폭력 속에서 희생당한 개인의 비극에 대해 좀 더 치열하게 이야기하기 시작한다. 〈깐느로 가는 길〉을 거쳐 〈타자기 치는 남자〉에 이르면, 이제 김동현은 체제의 수혜를 입은 엘리트임에도 여전히 무기력할 수밖에 없는, 이념의 희생양이자 의도치 않게 가해자가 된 개인의 고통을 보여준다.

〈깐느로 가는 길〉은 탈냉전시대 냉전을 사유하는 방식을 비롯해 무대를 활용하는 방법, 연극과 영화의 경계를 흩트려놓는 방식 등 흥미로운 지점이 많은 작품이다. 제작진은 남한은 IMF 구제금융 시기를, 북한은 고난의 행군 시기를 거쳐야 했던 세기말 겨울 풍경의 황량함을 가시화한다. 생존이 목표이자 가치였던 박덕배에 비하면, 〈깐느로 가는 길〉에서 김동현이 연기한 한정민은 모스크바대학 출신의 수재이자 영화광으로서 예술에 대한 신념을 가진 인물이다. 한정민은 김정일에게 보낼 남한 영화 필름 한 편을 구하지 못하자 그 영화를 스스로 만들기로 결심하고, B급 상상력으로 채운 영화를 직접 연출하게 된다. 극 초반 상상력에 입각해 발랄한 코미디로 진행되던 연극은, 중반 이후 어설픈 초보 작가처럼 보였던 권복인이 전직 안기부 직원이라는 사실이 드러나고 이념이라는 문제가 가시화되면서 급격히 방향을 선회한다.

주지할 점은 〈깐느로 가는 길〉에 이르면 남성 주인공이 역사의 관조자에서 직접적인 희생양으로 변모한다는 점이다. 이에 따라 초반부 김동현이 도맡던 코미디 효과는 중반 이후 영화 촬영장에 소환된 다양한 쪽정이들(사채업자, 노숙자, 에로배우 등)에게 배분된다. 극 중 한정민은 중반 이후 생계형 간첩의 가벼움을 덜어내고 권복인과 점점 더 극단적으로 충돌하며 예술에 대한 신념, 여러 사람이 함께하는 '우리'의 영화에 대한 진심을 내비친다. 곧 김정일의 이력에 대한 상상으로부터 출발했던 연극은 중반 이후 무대 위 극중극을 통해 이념 전쟁의 허구와 그 안에서 희생된 개인의 비극을 다루는 방식으로 급선회하면서 무력감을 드러낸다.

〈깐느로 가는 길〉에서 탈냉전시대 이념의 선봉에 섰던 이들이 버려지는 상황을 극적 파토스를 고조시키는 방식으로 보여주었던 차근호와 최원종은, 〈타자기 치는 남자〉에서는 폭력의 시대를 보다 직접적이고 잔혹한 방식으로 보여주는 것을 택한다. 〈세기의 사나이〉가 판타지적 설정과 만화의 형식을 차용하며 역사의 비극성을 에둘러 전시했다면, 〈깐느로 가는 길〉을 거쳐 〈타자기 치는 남자〉에 이르는 과정에서 폭력을 보여주는 방식은 보다 과감하고 직접적으로 변모하며 자연스럽게 코미디 요소 역시 경감된다. 이 과정에서 극의 중심에 놓이는 남성 주인공을 연기한 김동현 역시 코미디 색채는 걷어내고 시대의 희생양으로서 역사의 비극을 체현한다.

삼청교육대를 소재로 한 〈타자기 치는 남자〉에서 김동현은 의도치 않게 제자를 삼청교육대로 보낸 후 술에 의존하는 전직 교사 김문식을 연기한다. 전작과 비교할 때 인물이 갖는 고민의 무게는 더 무거워졌고, 이에 더해 김문식은 역사의 피해자인 동시에 가해자로서 다층성을 갖게 된다. 〈타자기 치는 남자〉에서 김동현은 코미디 연기를 하지 않는다. 극 초반 무지함과 순수함을 함께 드러내면서 동서양 고전들을 자의적으로 해석하여 극에 웃음을 만들어내는 역할은 공안경찰 최경구를 맡은 배우 최무인에게 넘어간다. 그리고 김동현은 제자에 대한 죄책감과 시대에 대한 무력함으로 침몰해가는 캐릭터를 웃음기를 걷어낸 채 연기한다.

〈타자기 치는 남자〉에서 김문식은 극의 중심에 있지만 실질적으로 보여줄 것이 많지 않은 인물이다. 대조적으로, 자신의 직업과 이념에 대한 확신이 있었지만 글을 배우는 과정에서 겪게 된 일련의 사건을 통해 공안경찰을 그만두는 최경구는 심리 변화의 폭이 크며, 삼청교육대 사건의 피해자로서 김문식 앞에 등장해 자해를 하며 고통을 호소하는 학생 오형원은 가장 극적인 캐릭터이다. 김문식은 이들의 변화와 고통을 목도하고 수렴하는 관찰자이자 청자로서 존재한다. 연출가의 말에 따르면 김문식은 세 남자 중 가장 "관객과 가까운 사람"이며, 감상에 따라 "가장 어정쩡하며, 구체적이지 않은 인물"이다.[25] 그는 가해자인 동시에 피해자, 여기에 비극의 관찰자이자 청자까지 수행하는 복합적 인물인 동시에 정작 욕망의 지향점은 흐릿한 인물이다. 극 중 김문식은 삼청교육대에 끌려갔던 오형원이 이야기하는 진실을 관객의 입장에서 함께 듣고 좌절한다. 이에 더해 이전 작품에서 김동현이 연기한 캐릭터에 생존이나 예술 같은 상대적으로 분명한 삶의 방향성이 있었다면, 〈타자기 치는 남자〉의 김문식은 관객이 가장 공감하기 어려우며 추구하는 바도 불분명한 인물이다.

　반복해서 극단이 제작하는 역사극의 남성 주인공을 연기해온 김동현은 무대에서 쉽게 감정을 폭발시키지 않는데, 이는 제작진이 의도한 역사를 사유하는 힘을 만들어낼 수 있다. 〈타자기 치는 남자〉에서도 그는

25　윤서현 외 참석, 「6월 월례비평 – 〈타자기 치는 남자〉」, 『공연과이론』 2021.6, 공연과이론을위한모임, 66~82쪽.

김문식의 고통에 함몰되기보다는 우왕좌왕할 수밖에 없는 인물의 무력감을 힘을 빼고 연기하는 방식을 취한다. 관련하여 김동현은 김문식을 연기하며 작품에서 스스로를 드러내는 대신, 개성이 강한 다른 캐릭터들을 받쳐주는 방식을 취하기로 했다고 밝힌다. 그는 폭력의 역사 속에서 소시민 군상 역시 경우에 따라 가해자일 수도, 혹은 피해자일 수도 있음을 염두에 두었다. 그리고 대부분의 사람들이 적당히 비겁하고 경우에 따라 타협적인 김문식 같은 삶을 살 수 있다고 생각하고 그 '평범성'을 연기를 통해 구현하고자 했다.[26] 김동현은 김문식이 홀로 남는 결말부에서, 관객이 볼 수 없는 그가 타이핑하는 문서 내용을 반성문이라고 간주하고 연기했다. 용기를 내는 형사의 변화를 보며 자신의 방향성을 새로 설정하는 평범한 인간 김문식의 가능성을 보여주고자 했던 것이다. 이 같은 해석은 극 중 김문식이 지닌 평범성을 공유하는 관객과 공감대를 확보할 수 있었다.

〈타자기 치는 남자〉의 경우 극의 진정성과는 별개로, 오형원의 분노의 방향성이 빗나가 있다는 지적이 제기되었다.[27] 또한 세 명의 등장인물 중 누구의 입장에서 극을 봐야 할지 불분명하다는 문제 외에 남성들의 역사와 세계를 그리는 방식에 대한 아쉬움이 제기된 작품이다.[28] 다

---

26 배우 김동현과의 인터뷰 중.
27 이주미, 「삐뚤어진 국가 권력, 사라진 개인의 삶」, 『공연과이론』 2021.6, 공연과이론을위한모임, 60~65쪽.
28 윤서현 외 참석, 앞의 글.

만 극의 방향성, 시간성이 모호하다는 것과는 별개로 배우들은 각자의 자리에서 고군분투한다. 공연 후 각자 중심을 잡고 쉽지 않은 캐릭터를 연기하는 배우들의 연기에 대해서는 이견이 없었고, 김동현 역시 가장 감정이입하기 어려우며 방향성 또한 모호한 지식인의 비겁함과 지질함을 잘 보여준다. 그는 공안경찰을 경멸하지만 시대에 적극적으로 저항하지 못하고, 자신 때문에 삼청교육대에 끌려간 오형원의 분노 역시 깊이 헤아리지 못한다. 글을 배우는 과정에서 급변하는 최경구가 다분히 판타지적이며 우화적인 인물이고, 삼청교육대라는 역사의 이면을 관객 앞에 끄집어내는 오형원이 김문식의 죄의식이 구현된 허구처럼 보일 여지가 있다면, 김문식은 극 중 가장 현실적인 인물이다. 그리고 김동현은 소시민적 지식인의 자기 위안이라는 측면을 피로에 찌든 얼굴과 무기력한 몸짓을 통해 구현한다.

가장 최근에 무대에 오른 〈메이드 인 세운상가〉는 북한의 금강산 댐 건설 보도와 관련해 평화의 댐 모금 건설이 한창이던 1986년을 배경으로 한다. 불법 포르노 비디오 유포자이자 세운상가 업주들의 리더 격인 차석만을 중심으로 형성된 애국동지회는, 북한의 수중공격에 대비해 잠수함을 건설해 국가에 대한 애국심을 피력하며 용산 전자상가로 넘어갈 수 있는 주도권을 지키려 한다. 그러나 정부의 표창장도 받고 세운상가의 주도권도 지킨다는 이들의 꿈은 판타지로 남게 되고, 월남인이자 전쟁 용사의 아들로서 반공에 앞장섰던 차석만의 충정은 철저히 배신당한다.

극 중 김동현이 연기한 차석만은 국가에 대한 애국심을 증명하기 위

애국을 호소하는 참전용사의 아들　　　　　국가에 배신당하는 소시민(《메이드 인 세운상가》)
(《메이드 인 세운상가》)

해 고군분투하는 인물이다. 그가 추구하는 경제적 이익은 궁극적으로
아버지의 욕망을 계승해 멸공에 앞장서겠다는 것이며, 잠수함 프로젝
트 역시 여기서 출발한다. 그는 진실을 알리려는 MIT 출신 공학도의
말을 듣지 않고, 군이 시민들을 학살한 광주항쟁의 역사 역시 조작되었
다고 믿는다. 그리고 그 역시 폭력적인 시대의 희생양으로 남게 된다.
주목할 점은 차석만 역시 완전한 피해자로 존재하기보다 폭력의 이행
자라는 점이다. 그는 세운상가 입점 업주들의 사업을 몸으로 지키는 과
정에서 온몸에 상흔의 흔적이 남아 있는 인물이며, 이들에게 모금과 잠
수함 축조를 강요한다. 더불어 민주화운동의 진실을 알기 위해 남한에
온 공학도를 감금하기도 한다. 이 점에서 차석만은 가해자인 동시에 피
해자였던 〈타자기 치는 남자〉의 김문식 선생과 겹쳐지는 면이 있다. 동
시에 공권력의 희생양이 된다는 점에서 중심으로부터 소외당한 남성의
비극을 보여주는 인물이다.

　언급한 것처럼 〈메이드 인 세운상가〉의 차석만의 경우 그의 정체성
과 직결된 세운상가 애국동지회를 유지하는 근간이 남성성과 폭력성이

라는 점에서, 극단 역사극의 남성 주인공 중 약자성과 피해자성이 가장 결여된 캐릭터다. 곧 제작진은 역사극 작업을 지속해가며 점차 가해자와 피해자성이 동시에 공존하는 남성의 다층성을 조명하고자 한다. 극 중 차석만은 폭력에 입각해 지지기반을 유지하는 동시에 시대의 변방에서 애국을 호소하기 위해 나름대로 고군분투한다는 점에서 일방적인 피해자로 그려졌던 이전의 캐릭터들보다 입체적인 측면을 갖게 된다. 차석만은 경우에 따라 1980년대에 일상화되어 있던 폭력을 확산하는 인물이지만, 공권력을 향해 존재를 과시하고자 해도 종국에 주변화되는 남성 소시민이라는 점에서 민족주의에 편승하지 못한 주변화된 남성성을 체현하게 된다.

김동현은 인물의 폭력성을 강조하기보다는 시대의 변방에서 애국을 호소하기 위해 나름대로 고군분투하는 캐릭터의 애환을 그려내는 데 치중한다. 세운상가 입점 업주들이 힘을 모아 잠수함을 축조한다는 설정은 분명 판타지적인 데 반해, 평범한 남성이 정치적 목적을 위해 희생당한다는 흐름은 극히 현실적이다. 그 판타지와 현실 사이의 간극을 메워가는 것이 시치미를 뚝 떼고 80년대의 시대성을 기입하는 배우들의 연기인데, 폭력을 재생산할지언정 무지에 입각해 의지를 밀어붙이는 차석만에 대한 안타까움은 이 인물을 지탱해온 신념이 흔들리는 순간, 그리고 국가에 배반당하는 순간의 허망함을 과하지 않게 구현하는 배우의 연기에서 비롯된다. 김동현은 차석만을 구현하며 〈타자기 치는 남자〉와 마찬가지로 선악의 이분법을 벗어나고자 했고, 극 중 구체적으로 드러나지 않은 차석만의 전사(前史), 월남한 그의 아버지의 과거 등에

대해 생각해 보며 인물 입장에서 그의 정당성을 표현하고자 했다.[29]

　살펴본 것처럼 배우 김동현은 명작옥수수밭과 함께한 네 편의 연극에서 시대 혹은 세계에 휩쓸려 다니거나 패배하는 소시민을 연기한다. 그가 연기한 소시민들은 역사의 횡포 속에서 각성과 반전의 계기를 갖지 못하고 적극적으로 현실과 대립하거나 시대의 영웅이 되지 못한 채 머물러 버린다.[30] 그리하여 극단과의 반복적인 역사극 작업을 통해 형성된 배우 김동현의 캐릭터는, 끝까지 역사 속에 자기 목소리를 적극적으로 기입하지 못하는 소시민으로 남게 된다. 이처럼 시대와 적극적으로 불화하지 않는/못하는 개인의 이야기를 다룬 명작옥수수밭 역사극의 방향은 남성 주인공의 주변화된 위치, 그리고 탈남성적 이미지와 관련되어 있다. 그리고 이는 그간 젠더 편향적이라는 점을 지적받았던 명작옥수수밭의 역사극을 다시 해석할 수 있는 근간이 된다.

29　배우 김동현과의 인터뷰 중.

30　영화계에서 역사 속 소시민의 얼굴을 효과적으로 구축한 것이 배우 송강호라는 점을 고려할 때, 그가 연기한 역사극 속 캐릭터들은 극 중반 이후 체제의 모순과 마주한 후 적극적으로 현실과 대립한다는 점에서 윤리적 우위를 점하게 된다. 관련하여 김건형이 지적하듯이, 영화 〈기생충〉(2019)에서도 송강호가 연기한 가부장 기택의 살인은 관객의 시선에서 사회의 구조적 불평등이라는 문제에 대한 윤리적 저항으로 독해되도록 구조화되어 있으며 궁극적으로 기택은 윤리적 주체로 거듭난다(김건형, 「남성 아브젝트라는 새로운 가부장의 형상과 계급 재현의 젠더 정치」, 『대중서사연구』 27권 3호, 대중서사학회, 2021, 81~82쪽).

3. 남성 동성사회성과 탈헤게모니적 남성성

명작옥수수밭의 역사극이 젠더 편향적이라는 지적은 수차례 제기되어온 부분이다. 제목에서처럼 제작진은 '사나이'와 '남자'로서 소시민이 겪었던 상황을 극화한다. 관련하여 〈깐느로 가는 길〉과 〈타자기 치는 남자〉에는 아예 여성 인물이 등장하지 않으며 〈세기의 사나이〉에서도 여성들은 역사의 주변인으로 존재한다. 주인공의 각성 과정에서 여성 캐릭터가 비중 있게 등장하는 〈패션의 신〉이 남성 중심의 역사극을 만들어온 제작진의 변모를 보여주는 단초가 되지만, 이 작품에서도 여성 인물의 역할은 남성 주인공의 뮤즈이자 각성의 계기로 제한된다는 점에서 아쉬움을 남긴다.[31]

남성의 권력 구조를 연구한 이브 세즈윅(Eve Kosofsky Sedgwick)에 의하면 남성 간의 사회적 유대를 뜻하는 동성사회성(homosociality)은 여성을 주변화하며 가부장제의 역사와 보수성을 유지시키는 기반이 되었다. 그에 따르면 남성의 동성사회적 욕망과 가부장제를 유지하는 구조 사이에는 특수한 관계가 존재한다. 남성의 동성사회적 욕망의 구조 안에서 나타나는 변화들은 다른 가시적 요소들과 긴밀하게 그리고 인과적인 관련을 맺고 있으며, 남성의 우정, 멘토십, 자격, 경쟁, 그리고 이성애와 동성애의 패턴은 여성과 젠더 체계 바깥에서는 이해할 수 없는 것

---

31 국채보상운동을 다룬 〈무희〉의 경우 극단명작옥수수밭이 제작했지만 차근호 작가가 대본을 담당한 작품이 아니다.

이다.[32] 관련하여 명작옥수수밭의 역사극은 정치적, 경제적 헤게모니로부터 비껴난 남성들을 다루고 있으면서도 줄곧 이들 사이의 호모소셜한 연대(우정, 경쟁, 멘토십 등)와 애착을 다루며 한국 근현대사의 이면을 이야기한다. 극 중 남성들은 얼핏 대립하는 것처럼 보이지만 모두 역사의 피해자라는 점에서 공통분모를 갖고 유대감을 형성한다. 또한 이 유대감은 후속 세대와의 관계 형성에 영향을 미치며 남성 중심의 역사를 만들어가는 토대가 된다.

흥미로운 점은 같은 극단의 역사극 속 남성 주인공에게는 영웅성과 더불어 국가와 사회의 상징인 패권적 남성성이 휘발되어 있다는 점이다. 명작옥수수밭 역사극의 남성들은 줄곧 가부장제하의 패권적 남성성인 헤게모니적 남성성(hegemony masculine)[33]으로부터 비껴나 있다. 주지하다시피 한국 근대사회에서 헤게모니적 남성성은 국가를 지키는 자는 가정을 지키는 자라는 공식을 만들면서 경제와 군사 영역의 결합 속에서 구축되었다.[34] 그런데 명작옥수수밭 역사극의 남성성은 헤게모니적

---

32 Eve Kosofsky Sedgwick, *Between Men: English Literature and Male Homosocial Desire*(Thirtieth Anniversary Edition), New York: Columbia University Press, 2015, pp.1~15.

33 R.W. 코넬은 헤게모니적 남성성을 "가부장제의 정당성 문제에서 현재 수용되는 답변을 체현하는 젠더 실천의 배치 형태"로 정의하며, "남자들의 지배적 위치와 여성 종속을 보증하는 답변을 체현한다."고 설명한다. (R.W. 코넬, 『성성성/들』, 안상욱·현민 역, 이매진, 2013, 124쪽.)

34 김엘리, 「20-30 남성들의 하이브리드 남성성」, 『한국여성학』 36권 1호, 한국여성학회, 2020, 142~143쪽.

간첩이 보여주는 영화에 대한 신념 ((깐느로 가는 길)) 거세된 소시민을 닮은 간첩((깐느로 가는 길))

남성성을 체현하지는 않는 동시에 그 헤게모니로부터 이득을 얻는 공모적 남성성[35]으로부터도 멀어져 있다.

　제작진이 주조한 역사극 속 인물들은 가부장제하에서 이들을 취하지 못하며, 특히 남성 주인공에게는 이성애적 상대가 없다는 사실에 주목해 볼 수 있다. 〈세기의 사나이〉에서 박덕배에게는 아내가 있지만, 그 아내는 박덕배가 출타를 알릴 때 아무 대답도 하지 않다가 병으로 사망한 것으로 처리된다. 그가 친구들과의 연대 외에도 역사 속 실존인물들(그와 관계 맺는 실존인물들은 모두 남성이다)과 다양한 장소에서 특별한 인연을 만들어갈 때, 그 아내는 전혀 존재감을 드러내지 않다가 둘째를 낳다 숨을 거두었다는 대사로 간단히 결말이 처리된다.[36] 게다가 가부장의

35　R.W. 코넬, 앞의 책, 127~128쪽.

36　**계모** 덕배 씨, 참 답답하다. 서자 출신이라고 그렇게 괄시받고 살았으면서도 아직도 법도? 양반 나셨어. 와이프는 어디 갔어?

　　덕배 ……?

　　계모 색시.

학교로부터 도망친 교사(〈타자기 치는 남자〉)　　　역사 속 소시민의 굴종(〈타자기 치는 남자〉)

지위를 계승할 수 있는 박덕배의 아들 역시 학질로 사망한다. 이처럼 아내와 아들이 사망한 결과 근대적 의미의 가부장으로서 박덕배가 지닌 정체성 역시 희석된다.

〈세기의 사나이〉의 박덕배의 위치는 가정 내에 존재하는 대신 극단적 상황과 성향을 지닌 두 친구의 중재자로서 자리한다. 그는 소설이나 영화 속에서 남성 소시민들의 대부분이 취하는 '아버지'의 역할을 수행하지 못하며 그 위치를 상실한다. 세기를 관통하게 될 박덕배의 목적은 딸 순심을 보호하는 것처럼 보이는데, 그는 순심이 위안부로 끌려가는 과정에서 무기력하며 딸의 죽음 역시 전해 들음으로써 저항도 충분한 애도도 하지 못한다. 순심의 출산 과정에서 아내가 사망했다는 점에서, 그는 일견 순심에게 자아를 의탁할 캐릭터처럼 보이지만 근현대사의 굵직굵직한 사건을 훑어가는 연극 안에서 박덕배는 순심의 죽음 이

덕배 둘째 낳다가 먼저 갔습니다.

계모 리얼리? 기분이 글루미하네. (차근호, 앞의 글, 301쪽)

후 또 다른 사건과 마주하며 다음 단계와 임무로 이동한다.

여성 캐릭터가 아예 등장하지 않는 〈깐느로 가는 길〉, 〈타자기 치는 남자〉와 비교할 때, 〈세기의 사나이〉에는 상대적으로 여러 층위의 여성 인물들이 등장한다. 그럼에도 불구하고 작품에는 젠더적 관점에서 지적받을 요소가 다분하다. 극 중 여성 인물들은 박덕배의 계모처럼 역사의 흐름에서 완전히 비껴나 있으면서 희화화되거나, 일본어를 제대로 구사하지 못하여 칼에 찔려 죽거나 혹은 위안부로 끌려가 고문 끝에 사망한다. 곧 이들은 희화화되거나 남성 인물(박덕배, 배민국)의 각성을 유도하며 역사의 비극을 환기시키는 희생자로 존재하며 대상화된다. 남편을 만주로 보내고 홀로 자리를 지키는 길자중의 아내처럼 중심을 잡고 기품을 잃지 않는 캐릭터가 있지만 그 비중은 극히 미미하다. 이 같은 캐릭터 형상화는 젠더적 관점에서 비판받을 소지가 다분하지만, 극은 한국적 가부장의 이미지를 탈피하며 역사 속 소시민과 남성 가부장의 경계를 걸어가는 탈헤게모니적 남성 캐릭터로 인하여 재해석될 소지 또한 갖게 된다.

〈세기의 사나이〉에서 김동현은 역사의 흐름을 관조하고 아무것도 바꾸지 못하는 박덕배를 연기하는데, 일제에 투항했던 배민국의 집안이 해방 이후 미군정에게 의탁해 권력을 잡을 것을 확인할 때, 딸 순심이 사망했음을 확인할 때 그 무력함을 효과적으로 피력한다. 한 세기를 관통하는 그의 삶 속에서 온전히 의지가 관철된 것은 저승사자와 만나 그의 실수를 확인하고 삶을 보장받을 때뿐이다. 인간들이 만들어낸 야만의 역사 속에서 휩쓸리는 남자, 아버지이지만 가부장으로서의 책임과 역할을 다하지 못하는 남자, 남성들이 만들어낸 동성사회적 관계 안에 있으나 그 정치성과는 거리감각을 확보하고 있는 인물은 김동현이 구축한 탈가부장적 남성 소시민의 형상이었다.

〈깐느로 가는 길〉의 경우 이념의 대립 구도하에서 남성 간 대결구도가 더 직접적으로 등장하는 연극이며, 극 중 한정민은 북한과 예술, 그리고 영화를 함께 만드는 '우리'를 상징하는 캐릭터로서 갈등의 주축이 된다.[37] 흥미로운 점은 남파간첩 한정민은 북한에 있는 가족들을 위해 간첩 활동을 하고 있는데, 그가 안위를 걱정하는 평양의 가족 안에서 한정민이라는 인물의 역할은 '아들'이라는 것 외에 분명하게 명시되어 있지 않다는 점이다.

신종   남파돼서 변절자를 제거하는 거나 영화 필름 구해서 북송하는 일이나 모두 당에서 내린 고결한 명령이야. 당과 공화국의 명령이라고! (사이) 가족을 생각하라. 동무가 임무에 실패하는 순간, 평양에 있는 가족은 끝나는 기야. 지금 공화국은 고난의 행군을 하고 있어. 아사자가 수십만이고 사람이 사람을 잡아먹는다는 소문까지 돌고 있다 이 말이야. 이 마당에 가족이 평양에서 쫓겨나면 어떻게 될 것 같아?

정민   제가 잠시 본분을 잊었습니다. 죄송합니다.[38]

---

37 관련하여 배우는 〈깐느로 가는 길〉을 논쟁극에 가까운 작품이라 언급한다(배우 김동현과의 인터뷰 중).

38 차근호, 〈깐느로 가는 길〉 공연대본, 7쪽.

이 작품에는 남북관계를 다룬 대중문화 텍스트의 흔한 클리셰 중 하나인, 북한 출신 남성이 북에 두고 온 아내와 아이를 그리워한다는 설정이 빠져 있다.[39] 극 중 한정민은 임무를 완수해 어머니를 평양에 있는 아파트에 편히 살게 할 것을 다짐하기도 하지만, 정작 집안의 실질적 가장이라는 무게와 역할에 그리 충실해 보이지도 않는다. 그의 관심과 열정은 오롯이 영화만을 향해 있고, 그는 남성들만의 영화 촬영장에서 자신의 신념을 구현한다. 그렇기 때문에 한정민은 김정일을 위한 것일지언정 영화를 만드는 과정에서 자신의 이상을 향해 폭주할 수 있었고, 결국 촬영장 안에서 숨을 거둔다.

살펴본 것처럼 김동현이 연기한 한정민은 누군가의 남편이자 아버지가 아니라, 어머니의 아들로 존재함으로써 이성애적 관계로부터 초월한 인물이다. 극적 편의를 위해 설정한 것임을 감안해도, 영화학도로서 예술혼을 불태우는 남파간첩은 모든 성애적 관계와 설정으로부터 이탈해 있다. 물론 성충동이 거세된 한정민의 형상은 여성이 도무지 끼어들 여지가 없는 남과 북의 이분법적 대립 구도에 따라 도출된 것이다. 그런데 이에 더해서 현실의 피로에 찌들어 있고 영화 외에는 별다른 욕망이 없는, 흡사 거세된 소시민의 형상을 한 한정민의 캐릭터는 배우의 연기를 통해 힘을 얻게 된다. 여성 캐릭터가 한 명도 등장하지 않는 극 중 영화 제작 현장은 관객 입장에서 기이해 보이지만, 배우 김동현

---

39 대표적인 사례로 남북한 남성의 브로맨스를 다룬 영화 〈의형제〉(2010), 〈강철비〉(2018), 〈백두산〉(2019) 같은 상업영화를 들 수 있다.

이 구축한 페르소나로서 폭압적 시대의 무기력한 개인, 소시민의 형상은 시종일관 극을 지배하는 굳건한 동성사회성을 넘어서는 틈을 마련한다.

헤게모니적 남성성으로부터 이탈한 남성 주인공의 형상은 〈타자기 치는 남자〉에서도 반복된다. 극 중 김문식은 사건 이후 혼자 교습소를 운영하며 살아간다. 그리하여 오형원은 김문식을 협박할 때 그의 부모를 볼모로 잡아 감정을 자극한다. 주목할 점은 김문식 역시 과거 김동현이 연기했던 박덕배, 한정민과 마찬가지로 성충동이 거세된 인물이라는 점이다. 작품 속에는 인간의 성본능과 관련해 다음과 같은 대사가 등장한다.

> 문식 그렇게 말했죠. 모든 인간한테는 성본능, 성충동이 있다고요.
> 경구 선생님 결혼하셨습니까?
> 문식 결혼했으면 이런 데서 혼자 안 살겠죠.
> 경구 (우물쭈물하다가) 그래서 남자들끼리 있으니까 여쭈어보는 겁니다. 선생님께서는 성충동을 어떻게 해결하십니까?
> 문식 (예기치 못한 질문에 당황하여) 책 읽고, 산책도 하고, 술도 한잔하고. 글도 쓰면서 풀죠.
> 경구 글이요? 선생님, 글도 쓰십니까? 그럼, 작가이신 거예요?[40]

배우 김동현은 〈깐느로 가는 길〉에 이어 〈타자기 치는 남자〉에서도

---

40 차근호, 〈타자기 치는 남자〉 공연대본, 28쪽.

성충동이 거세된 소시민적 엘리트를 연기한다. 김문식은 최경구의 질문에 당황하여 글과 술에 기대어 성충동을 해소한다고 말하지만, 김동현이 연기하는 인물들은 이 같은 충동이 애초부터 결여되어 있는 것처럼 보인다. 실제 무대에서도 김동현은 이 장면을 연기할 때 당황하기보다는 성욕 없는 삶이 관성화된 것처럼 대사를 처리했다. 물론 이 같은 무성성은 극에 등장하는 다른 남성 캐릭터, 〈타자기 치는 남자〉를 예로 들면 최경구와 보다 친밀한 관계를 형성하기 위함이다. 그럼에도 가정이 없는 남성 소시민은 그 무엇도 책임을 지려 하지 않고, 타인을 구하는 영웅이 되는 대신 시대적 폭력 앞에 무기력하게 무너짐으로써 역사의 폭력성을 분명하게 가시화할 수 있게 된다.

〈메이드 인 세운상가〉에서 김동현이 연기한 차석만은 시대적 폭력의 주체이자 가해자로서의 면모가 분명하게 드러난 작품이다. 곧 이전에 김동현이 역사극 속에서 연기한 캐릭터와 달리, 차석만은 '한국적' 남성 캐릭터의 특징으로 빈번하게 소환되는 폭력성이 전면화된 인물이기도 하다. 특히 차석만이 보여주는 아버지와 국가에 대한 신념 및 군사주의적 통치 방식 역시 근대적 남성성의 특징을 확산하는 것이기도 하다. 그러나 종국에 차석만은 그를 지탱해온 민족과 국가에 대한 신념을 부정당하면서 국가를 수호해야 하는 국민으로서, 그리고 남성으로서의 자격을 박탈당한다.

주목할 점은 극단의 전작들과 달리 〈메이드 인 세운상가〉에는 비중 있는 여성 캐릭터가 등장한다는 점이다. 식당 주인으로 위장하고 간첩의 임무를 수행하지만, 정작 임무는 등한시하고 부동산 투자에 골몰하는 인물 박연희는 이념의 시대로부터 이탈해 자신만의 갈 길을 걸어간 다는 점에서 냉전 체제를 가로지르는 새로운 가능성을 만들어낸다. 곧 박연희는 냉전의 유산을 이어받아 폭력을 이어가는 남북한 두 체제 어느 곳에도 의탁하지 않고 다른 가능성을 만들어낸다. 남성 소시민은 역사에 패배했을지언정, 또 다른 개인들이 역사와 체제 바깥을 상상하는 것이다.

국가가 주입한 욕망을 넘어 개인적인 선택을 하는 간첩 박연희, 진실을 알기 위해 혼란의 서울로 돌아온 대학생 피터 존슨, 빚쟁이에 더 이상 쫓기지 않기 위해 월북을 고민하는 형사 김길호에 이르기까지, 극중 주요 인물들은 국가의 경계를 넘어서는 자기만의 의지와 상상력을 갖고 있다. 반면 차석만은 국가를 넘어서는 욕망과 상상력을 갖지 못한 채 반공이라는 구호만을 외치다 공권력이 제한한 선을 넘은 죄로 무기력하게 무너진다.

〈메이드 인 세운상가〉 역시 극단의 역사극에서 반복되는 남성 간 동성사회적 연대를 세운상가 애국동지회의 일원들을 통해 그려낸다. 차석만의 경우 폭력으로 그 연대를 결속시키고, 동지회의 구성원들은 국가를 위해 잠수함 건조 작업에 참여한다. 그 공고한 연대에 파열을 내는 것이 위장 간첩 박연희의 존재인데, 제작진은 궁극적으로 폭력에 입각해 결집된 소시민 간 연대가 무너질 수밖에 없는 상황을 극화한다. 관련하여 멸공과 애국에 대한 차석만의 열망은 지극히 남성적인 것이며, 그는 남성 시청자를 대상으로 불법 포르노 비디오를 유포하는 업자로 묘사된다. 염두에 둘 점은 차석만 역시 전작의 인물들과 마찬가지로 남성의 성욕이나 가부장으로서의 생존 욕망으로부터 이탈한 존재처럼 그려진다는 점이다. 잠수함 건조 과정에서 자신의 집을 팔아 동지회에 헌납하는 차석만은, 가장 세속적인 방식으로 생계를 유지하지만 가정의 안위라는 욕망으로부터 초월한 인물처럼 보인다. 결과적으로 세속적인 욕망을 초월해 가장 순수한 경지의 애국심을 추구했던 차석만이 희생당하면서, 극은 소시민의 무지함이 초래한 파국을 가시화한다.

극 중 차석만은 국가의 인정을 통해 헤게모니적 남성성을 획득하기를 갈구하지만 그 이상향에 도달하지 못한다. 곧 그는 일상적인 폭력을 생산하지만 더 큰 폭력에 희생당한다. 차석만은 광주의 진실을 담은 영상을 보았음에도 이를 부정함으로써, 철저하게 무지했다는 이유로 종국에 국가 밖으로 퇴출된다. 더불어 세운상가 애국동지회가 추구한 남성성은 신군부/국가라는 더 큰 남성성에 의해 처벌받는다. 극 중 애국동지회 구성원 간 동성사회적 연대 역시 국가가 허락한 선을 넘어가면서 타의에 의해 소멸되어 버리는 것이다.

관련하여 작품 속에는 근대적 남성성과 직결되는 위계적인 군사주의 문화에 대한 문제의식이 편재해 있다. 제작진은 1980년대 군사주의와 남성성에 대한 비판의식을 드러낸다. 군인인 아버지의 멸공 의지를 계승하며 국가를 향해 이를 증명하고자 했던 차석만의 호소가 좌절되는 것과 관련하여, 극 중 상관의 명령에 의해 불법 비디오를 사러 세운상가를 방문했던 군인의 이야기가 세운상가 애국동지회 이야기에 끼어든다. 그리고 상관에게 괴롭힘을 당하던 그는 결국 군대 밖으로 탈주하는 선택을 하게 되며 의도치 않게 부정한 공권력의 대행자인 경찰을 사살

하기에 이른다. 이처럼 제작진은 군사주의에 입각한 강한 남성성의 신화로부터 결별하는 방식을 취한다.

살펴본 것처럼 배우 김동현이 구축하는 무성성과 무기력은 한국근현대사 속 헤게모니적 남성성을 비껴가는 동시에 다양한 남성성(들)을 상상하는 기반이 되기도 한다. 소시민 남성이 가부장이라는 기의와 결합하지 않고 한국사회의 정형화된 남성성을 미묘하게 비껴 나가면서 극의 해석 여지가 열릴 수 있게 되는 것이다. 배우의 연기는 극의 해석 여지를 넓히는 기반이 되기도 하는데, 역사극의 정형성을 비껴 나가려는 연기관이 그 가능성을 만들어내기도 한다. 김동현은 극단에서 제작하는, 판타지성을 가진 역사극 안에서 남성 민중 혹은 가부장이라고 하면 떠올릴 법한 전형성을 탈피하고자 시도한다.[41] 이는 극적 리얼리티에 입각해 있어도 리얼리즘을 넘어서면서 확장된 캐릭터 해석을 가능하게 하고, 다양한 민중(들) 그리고 남성성(들)을 구현하는 토대가 된다.

4. 다양한 남성성(들)에 대한 상상

이 글은 한국 근현대사의 주요 사건을 화두로 2018년부터 현재까지

---

41 김동현은 극작가 차근호가 집필한 역사극을 "판타지가 가미된 역사극"으로 간주하며 판타지적 상황과 감정, 그리고 정서적 측면의 리얼리티 사이에서 균형을 잡기 위해 고민하고 있다(배우 김동현과의 인터뷰 중).

7편의 연극을 무대에 올린 극단 명작옥수수밭의 역사극 안에서 드러나는 남성 주인공의 형상을 극단이 제작한 역사극의 지향점과 관련지어 논의하였다. 그간 명작옥수수밭이 소시민 '남성'의 역사를 다루는 과정에서 여성 캐릭터의 입지는 후경화되었고, 경우에 따라 작품 출연진 전체가 남성 배우들로 채워지는 경우도 있었다. 이에 따라 '인간'이 아닌 '사나이' 혹은 '남자'의 이야기를 다룬다는 점에서, 극단의 작업 취지에 대한 진정성과는 별개로 젠더적 측면의 한계를 지적하는 경우도 있었다. 관련하여 차근호, 최원종 콤비는 한국 근현대사를 논하는 과정에서 남성 간의 끈끈한 연대 혹은 대립을 극화하며, 남성 간의 대립이 극대화되더라도 〈깐느로 가는 길〉이나 〈메이드 인 세운상가〉에서 볼 수 있는 것처럼 이들 사이에는 깊은 애착과 유대 관계가 전제되어 있다. 그리고 그 틈에 여성들이 끼어들 자리는 애초부터 존재하지 않았다.

그런데 남성성의 무게에 사로잡히지 않고 이름 없는 민중·소시민의 가벼움과 지질함을 부각하는 연출 방식을 비롯해 근대적 남성성의 바깥을 사유할 수 있게 만드는 남성 캐릭터는 남성 간 동성사회성에 입각해 있는 명작옥수수밭의 역사극을 재해석할 수 있는 여지를 제공한다. 아들 혹은 아버지라는 자리에서 한 발 떨어져 있는 극 중 캐릭터와 맞물려, 시대와 역사에 패배하는 남성 인물의 나약함과 어리석음을 피력하는 방식은 역사 속 가부장, 패권적 남성성을 넘어서는 다양한 남성성/남성성들을 예견하게 한다.

특히 극단의 역사극 속 남성 주인공을 반복해서 연기해온 배우 김동현은 역사와 체제에 반기를 드는 대신 그 거대한 흐름 속에서 침몰하고 경우에 따라 이를 관조하는 남성성을 체현하며 자신만의 페르소나를 구축했다는 점에 주목해 볼 수 있다. 드라마 안에서 힘을 빼고 상황에 따라 입장을 바꾸는 개인의 복잡다단함을 보여주고자 하는 배우의 연기 방식은, 궁극적으로 근대적, 남성적 욕망을 이탈한 소시민의 형상을 구축했다.

김동현은 본인이 주연으로 출연한 명작옥수수밭의 역사극 중 가장 좋아하는 작품으로 〈타자기 치는 남자〉를 꼽는다. 그 이유는 이 작품이 역사 속 개인의 변화 가능성에 대해 이야기하고 있기 때문이다. 그는 극 중 형사처럼 일련의 계기를 거치며 신념을 갖고 변모하는 사람들이 늘어난다면, 또 처음에는 소수지만 다수가 이에 감화되어 목소리를 낸다면 세상은 긍정적으로 변화할 것이라 믿는다. 이 같은 신념은 김동현이 역사극 작업을 계속 이어가는 이유이자 토대이기도 하다.[42]

극단 명작옥수수밭은 향후에도 근현대사 재조명 시리즈를 이어가며 역사의 이면을 조명할 것이라 한다.[43] "연극은 대중과 같이 가야 한다." 생각과 세상의 변화에 대한 사회적 신념을 가진 배우 김동현이 이후 극단의 역사극에서 어떤 모습을 보여줄지 기대해본다.

---

42 배우 김동현과의 인터뷰 중.

43 극단은 순차적으로 2002년 월드컵을 배경으로 하는 〈베른에서 온 사나이〉에 이어 각각 1969년과 1976년을 다룬 〈도끼를 맨 남자〉, 〈나는 카프 박사의 부하였다〉를 무대에 올릴 예정이다(한국문화예술위원회, 『2021 공연예술창작산실 올해의 신작』, 2022, 11~12쪽).

참고문헌

1차 자료

극단 명작옥수수밭, 차근호 작, 최원종 연출, 〈세기의 사나이〉 대본(차근호, 「세기의 사나이」, 『공연과이론』, 2019. 06, 공연과이론을위한모임, 275~359쪽).

———————————, 〈깐느로 가는 길〉 대본 및 공연영상.

———————————, 〈타자기 치는 남자〉 대본 및 공연영상.

———————————, 〈메이드 인 세운상가〉 대본.

———————————, 〈패션의 신〉 공연 팸플릿.

2차 자료

김건형, 「남성 아브젝트라는 새로운 가부장의 형상과 계급 재현의 젠더 정치」, 『대중서사연구』 27권 3호, 대중서사학회, 2021, 53~94쪽.

김시무, 「스타 페르소나와 관객간의 상호 연관성 연구」, 『영화연구』 32, 한국영화학회, 2007, 67~99쪽.

김엘리, 「20-30 남성들의 하이브리드 남성성」, 『한국여성학』 36권 1호, 한국여성학회, 2020, 139~173쪽.

리처드 다이어, 『스타_이미지와 기호』, 주은우 역, 한나래, 1995.

서인숙, 「배우 송강호의 페르소나 연구」, 『드라마연구』 56, 한국드라마학회, 2018, 149~184쪽.

우수진, 「〈분노하세요〉, 〈세기의 사나이〉 형식의 연극적 시도에 관해」, 『공연과이론』, 2019. 03, 공연과이론을위한모임, 194~196쪽.

유연주, 「[배우 김동현과의 만남] 연극을 사랑해서 행복한 배우」, 『공연과이론』, 2019. 06, 공연과이론을 위한 모임, 169~178쪽.

윤서현 외 참석, 「6월 월례비평 – 〈타자기 치는 남자〉, 『공연과이론』 2021. 06, 공연과이론을위한모임, 66~82쪽.

이주미, 「삐뚤어진 국가 권력, 사라진 개인의 삶」, 『공연과이론』 2021. 06, 공연과이론을위한모임, 60~65쪽.

전지니, 「깐느로 가는 길 : 우화극으로서의 가능성과 한계」, 『공연과이론』 2021. 03, 공연과이론을위한모임, 248~254쪽.

정우숙, 「봉준호 영화의 소녀상 연구」, 『여성문학연구』 23, 한국여성문학학회, 2010, 275~308쪽.

정중헌, 「[정중헌의 문화와 사람] '뜻밖의 대어'를 만나다...박력 넘쳤던 연극 '세기의 사나이'」, 『인터뷰365』, 2019.3.6. https://www.interview365.com/news/articleView. html?idxno=85395 (검색일 : 2021.12.27)

조지 L. 모스, 『남자의 이미지』, 이광조 역, 문예출판사, 2004.

한국문화예술위원회, 「우리의 잠수함은 어디로 향할 것인가? 극단 명작옥수수밭 〈메이드 인 세운상가〉」, 2021.12.30. https://post.naver.com/viewer/postView.naver?volumeNo=33032300&memberNo=18719577&vType=VERTICAL (검색일 : 2022.1.4)

———, 『2021 공연예술창작산실 올해의 신작』, 2022.

———, 「유쾌하지만 날카로운 풍자, 연극 〈메이드 인 세운상가〉 인터뷰」, 2022.1.19. https://blog.naver.com/jump_arko/222624847487 (검색일 : 2022.2.1

R.W. 코넬, 『남성성/들』, 안상욱 · 현민 역, 이매진, 2013.

Sedgwick, Eve Kosofsky, *Between Men : English Literature and Male Homosocial Desire*(Thirtieth Anniversary Edition), New York : Columbia University Press, 2015.

배우 이봉련의 〈햄릿〉 연구

이주영

배우 이봉련의 〈햄릿〉 연구

1. 배우 이봉련과 햄릿 사이

배우 이봉련은 〈햄릿〉으로 2021년 백상예술대상 연극 부분 여자최우수연기상을 수상하였다. 지금의 위치에 오르기까지 그녀는 처음부터 연극의 길을 선택한 것은 아니었다. 과거 그녀는 사진학을 전공하였고 대학원 과정까지 밟았다. 하지만 이봉련이 선택한 인생의 길은 배우였다. 사진작가로서의 길을 접고 평범한 일상을 보내던 청년 이봉련은 삶의 변화가 필요했고, 그러던 중 집 근처에 있는 명지대학교 교육원의 전단지를 우연히 보고 뮤지컬과에 등록하였다. 그녀가 처음으로 내디딘 배우로서의 첫 걸음이었다.[1]

---

[1] 배우 이봉련이 연극에 입문하기까지의 과정은 다음에 자세히 기록되어 있다. 이주영, 「무심한 듯 진지한 배우 이봉련」, 『공연과이론』 55, 공연과이론을위한모

위성신 작·연출의 〈사랑에 관한 다섯 개의 소묘〉의 오디션에 합격한 것을 시작으로 〈빨래〉〈락시터〉(위성신 작·연출), 〈다정도 병인 양하여〉(성기웅 작·연출), 〈날 보러 와요〉(김광림 작·변정주 연출), 〈1945〉(배삼식 작·류주연 연출) 등 배우 이봉련은 다양한 작품을 통해 연극배우로서의 경력을 쌓아갔다. 특히 〈피리부는 사나이〉〈청춘예찬〉〈만주전선〉〈여름은 덥고 겨울은 길다〉 그리고 최근작인 〈코스모스 : 여명의 하코다테〉 등 작가이자 연출가인 박근형과의 작업을 통해 이봉련은 대중과 평단으로부터 배우로서 좀 더 각인될 수 있었다.

배우 이봉련은 2010년대 이후로 연기 영역을 넓혀, 영화 〈삼진그룹 영어토익반〉〈82년생 김지영〉 등과 드라마 〈갯마을 차차차〉〈런 온〉〈스위트홈〉 등 영상 매체에서도 왕성하게 활동하고 있다. 이때 그녀에게 따라붙는 수식어는 '씬스틸러'이다.[2] 탄탄한 연기력과 강렬한 개성, 이에 따른 주목성 등을 담지하고 있는 이 표현만큼 배우 이봉련을 설명하고 이해하기에 적합한 단어가 없기 때문일 것이다. 배우 이봉련을 향한 이러한 시선은 비단 영상 매체만에서만 작동되고 있는 것은 아닌 듯하다. 앞서 그녀의 연극 작업들을 살펴보면, 흔히 말하는 작품에서의 주인공·주연보다는 비중 있는, 즉 영상 매체 쪽에서 말하는 씬스틸러에 가까운 조연을 주로 연기하였다. 그런 점에서 그녀가 연기한 2021년 〈햄릿〉(정진새 각색·부새롬 연출)에서의 햄릿 역은 어찌 보면 신스틸러라

임, 2014 참조.
2   「'생일' 이봉련, 新'충무로 씬스틸러'로 숨은 조력자」, 『매일경제』, 2019.04.08.

는 그간의 한정된 시선을 벗겨낸 작품이라 할 수 있다.

배우 이봉련이 주연을 맡은 것과는 별도로 부새롬 연출의 〈햄릿〉[3]은 여러모로 동시대성, 최근의 연극 경향을 포착할 수 있는 작품이다. 크게 두 가지 측면에서 논의할 수 있는데, 첫 번째로는 코로나19로 인해 연극의 현장성이 위협받고, 이로 인한 대안으로 주목된 온라인 송출 작품이라는 점이다.[4] 이어 미투 이후 좀 더 논의가 활발해진 젠더 의식이 반영된 작품이라는 점이 그 두 번째 이유이다. 특히 이 작품은 남성과 여성이 배역을 바꿔 연기하는 젠더 벤딩(gender-bending) 공연이 아닌, 배역에 있어 남녀 성별을 와해시킨 젠더 프리(gender-free)[5] 공연이다. 그런 점에서 배우 이봉련은 부새롬 연출의 〈햄릿〉에서 남성 인물로서의 햄릿이 아닌 '인간 햄릿'을 연기한다.

배우 이봉련이 남자 배우가 그간 응당 해왔던 햄릿 역에 대한 고정관념을 깨고 작품의 주인공으로서 햄릿을 연기한다는 기대와 함께 드는 질문은 배우 이봉련과 햄릿의 연관성 및 관계성이다. 배우 스스로도 여러 매체와의 인터뷰를 통해 햄릿 배역에 있어, "'왜 나여야 하는지'가 궁

---

3 앞으로 서술의 편의상 이 글에서 기술하는 〈햄릿〉은 부새롬 연출의 〈햄릿〉이다. 셰익스피어의 〈햄릿〉을 논할 때는 작가명을 밝히도록 하겠다.

4 〈햄릿〉은 2020년 12월 17일~27일까지 명동예술극장에서 대면으로 공연될 예정이었으나, 코로나19 확산으로 인해 대면 공연이 취소된 후, 온라인 공연으로 제작된 작품이다.

5 김태희, 「젠더 구별 없애기, 득인가 독인가」, 『연극평론』 91, 한국연극평론가협회, 2018, 21쪽.

금했다."[6]라고 할 밝힌 바 있다. 허나, 이 질문에 대한 답은 의외로 명확하다. 그간 여러 작품을 통해 "다채로운 캐릭터를 자연스럽게 소화"[7]해 냈고, "배역의 경중을 가리지 않고 다양한 캐릭터를"[8] 연기해온 배우 이봉련의 연기 스펙트럼과 경력이 '배우 이봉련'–'햄릿' 사이에 놓인 고리를 풀어주는 열쇠라 할 수 있다.

이 글에서는 배우 이봉련과 햄릿이 만나는 과정을 이해하기 위해, 〈햄릿〉에서 배우 이봉련이 연기적으로 고민하고 해결해야 하는 여러 임무들을 분석한다. 이를 위해 셰익스피어의 원작과 함께 정진새 작가의 각색으로 인해 〈햄릿〉에서 다양하게 변주된 상황들을 파악한다. 이 논의는 '햄릿'을 연기하기 위해 배우 이봉련이 연기자로서 가졌을 고민이자 과제를 논의하는 것과 동시에 이를 성공적으로 수행한 배우 이봉련의 연기자로서의 가치를 조명하는 작업이라 할 수 있다.

2. 지금/여기로서의 〈햄릿〉

〈햄릿〉은 주지하듯, 원작을 그대로 무대화한 작품이 아닌 동시대적

---

6   김신록, 「배우가 만난 배우 : 이봉련X김신록」, 웹진 『연극인』 197, 2021.
7   「[인터뷰] 이봉련, 익숙함과 생경함 "런온에도 나오고, 스위트홈에도 나오고"」, 『KBS미디어』, 2021.02.04.
8   「백상 연극 여우주연상 배우 이봉련 "단타로 치고 빠지는 인물이 더 어렵다" [②인터뷰]」, 『세계일보』, 2021.05.19.

맥락으로 재해석한 작품이다. 이 해석은 정진새 작가의 각색 작업을 통해 확인할 수 있다.[9] 각색 이론가 린다 허천에 따르면 각색은 잘 알려진 작품의 공인된 전위이자 창조적이고 해석적인 행위이며 수신자(관객)의 상호텍스트적 참여를 요구하는 작업이다.[10] 각색에 대한 이러한 해석은 이봉련 배우의 〈햄릿〉에서 그대로 적용될 수 있다. 셰익스피어의 〈햄릿〉이라는 고전, 국립극단이라는 공인된 단체를 통한 공식적 제작 행위, 동시대적으로 재해석된 행위 및 이로 인한 관객의 원작과의 비교와 현재적 해석 등을 통해 이 작품은 각색작으로서의 가치를 명징하게 드러낸다.

각색자의 발언을 참고하자면, 〈햄릿〉은 "원작에 등장하는 기독교적인 세계관과 고대 서양의 원전을 출처로 하는 말들, 그리고 유럽적인 배경의 왕궁에서 나올법한 예법과 시(詩)적인 대사들은 거의 수정"되고, 그 자리에 "평생 왕위 계승 수업을 받아왔던 햄릿이 느꼈던 비애, 우울한 기운이 감도는 엘시노어 성의 분위기, 강대하던 국가가 쇠퇴하는 순간의 위기감, 가치기준이 흔들리는 시대의 절망감, 주체성을 갖지 못하

---

9   각색이 사전적 의미에서 서사시나 소설을 희곡과 시나리오 등 극 텍스트로 전환하는 작업이라고 했을 때, 부새롬 연출의 〈햄릿〉은 엄밀한 의미에서 각색작이라고 할 수는 없다. 단, 이 글에서는 린다 허천과 루이스 자네티 등이 언급한 각색 이론에서 희곡의 시나리오화 또한 각색 작업으로 해석하고 있다는 점에서 원작의 재해석이라는 표현 대신 각색이란 용어를 사용한다.

10   린다 허천, 『각색 이론의 모든 것』, 유춘동 외 3인 역, 앨피, 2017, 55쪽.

는 세대의식 등"[11]이 전경화된 작품이다. 〈햄릿〉은 각색으로 인해 강조된 이러한 주제의식 및 분위기와 함께 현재 고민하고 해결해야 할 동시대적 의미를 제출한다.

〈햄릿〉 대본에서의 시간과 공간적 배경이 어느 때와 어느 곳으로 설명되어 있지만, 이 작품에서 나타난 지금/여기라는 동시대성은 여러 장면을 통해 드러나고, 또한 다양한 해석들을 요구한다. 우선 〈햄릿〉은 이 공연이 온라인 송출로 제작된 작품이라는 점에서, 그리고 온라인으로 작업을 할 수밖에 없었던 이유인 코로나19라는 상황과 이에 따른 현재적 곤란함을 드러낸다.

①
햄릿　　다들 왜 여깄어? 학교는?
호레이쇼　역병 때문에 수업이 비대면으로 싹 다 바뀌었어. 역사적인 거리두기 중이지![12]
②
햄릿　　나 또한 반갑네. 그런데 자네들, 도시에서 쫓겨났다고 하던데?
배우2　그런 적 없습니다. 도시든 시골이든 극장이든 거리든 대면이든 비대면이든 역사적인 거리두기를 실천하며 우리의 무대를 찾아

11　정진새, 「햄릿은 지금 역사적인 거리두기 중입니다」, 『〈햄릿〉 프로그램』, 국립극단, 2021, 5쪽.
12　셰익스피어 원작, 정진새 각색, 〈햄릿〉, 국립극단, 8쪽.(이하 정진새 각색본은 작품명과 페이지수만 표시한다). 본 대본은 국립극단 측으로부터 연구자가 받은 미출간 대본이다.

다닐 뿐입니다.[13]

호레이쇼 · 버나도 · 마셀러스는 역병으로 인해 비대면으로 학교 수업을 받고 있으며(①), 연극 배우들 또한 대면과 비대면을 오가며 공연을 진행하고 있는 상황이다(②). 각색자가 시간과 공간을 '어느'로 열어놓긴 하였으나, 위 대사에서 등장하는 역병, 비대면, 역사적인 거리두기 등의 단어들은 2021년 온라인으로 이 작품을 감상하는 다수의 모니터 앞 관객들에게 코로나19라는 역병과 이로 인한 비대면 문화의 확산, 단계별 사회적 거리두기 등 동시대적 맥락에서 해석되고 즐길 수 있는 부분이라 할 수 있다. 이와 동시에 배우들의 입장에서도 이러한 장면을 통해 원작 〈햄릿〉의 시대상에 갇혀 있지 않고 비록 연극의 특징 중 하나인 현장성을 배반하는 비대면의 환경에서 연기함에도 불구하고 동시대의 관객과 호흡할 수 있는 상황을 받아들이게 된다.

〈햄릿〉은 코로나19 상황에 대한 동시대적 접속과 함께 연극인들이 현실에서 겪고 있는 생계 문제 또한 제출한다. 연극은 예술이지만 연극인들에게 있어 생활이기도 하다. 원작에서 햄릿에게 용무가 있어 찾아

---

13 〈햄릿〉, 28~29쪽. 셰익스피어 원작 〈햄릿〉의 대사는 다음과 같다.
    햄릿 만나서 반갑네. (바나도에게 인사하면서) 안녕하신가? 헌데 도대체 비텐베르크에선 왜 왔나?
    호레이쇼 수업 빼먹고 빈둥대고 싶어서요.
    (셰익스피어, 「햄릿」, 『셰익스피어 4대 비극』, 이태주 역, 푸른사상사, 2021, 26쪽.)

오고 최근의 사고로 공연금지 처분을 받은 배우들은[14] 〈햄릿〉에서는 햄 릿과 적대적인 인물들을 통해 불온한 존재로 처리된다.

①

햄릿 배우들이? 무슨 일로 극장이 아니라 감옥으로 왔지?

길덴스턴 뻔하죠. **국가 지원 좀 받겠다는 거지. 가난한 예술가랍시 고!**[15](강조, 인용자)

②

폴로니어스 알겠습니다, 저하. 분수에 맞게 대접하겠습니다.

햄릿 아니, 자네가 받는 정도로 대우하라고! 귀빈한테 걸맞게 제일 좋은 방을 내어주란 말이야. **예술가를 대접하는 나라가 진정한 선진국가다!**[16](강조, 인용자)

극의 흐름상 현 연극 지원 제도에 대한 문제점을 작품에서 정치하게 밝힐 수는 없었겠지만, 위 인용문 ①에서 확인되듯, 이 작품이 동시대 성을 갖고 있다는 점에서 작품 밖 현장 연극인들이 국가의 연극 지원

---

14 **로젠크랜츠** (전략) 듣자 하니 전하께 용무가 있어 이곳으로 오는 길이라 하더군 요.

(중략)

로젠크랜츠 최근에 사고를 일으켜 공연금지 처분을 받은 모양입니다.

(위의 책,60쪽.)

15 〈햄릿〉, 25쪽.

16 〈햄릿〉, 28쪽.

제도에 대해 느끼는 문제의식을 우회적으로 밝히고 있다.

경제적 곤란을 겪고 있는 연극인들의 생활, 이러한 난국을 해결하는 방법 중 하나인 국가의 연극 지원 제도, 하지만 이러한 지원 제도에 불구하고 경제적 부침·생계의 어려움 등이 좀처럼 해결되지 않는 현 연극계의 현실, 그리고 이에 대한 지속적인 문제의식 공유와 개선 촉구 등이 "예술가를 대접하는 나라가 진정한 선진국가"라는 발언을 통해 주장된다. 어찌 보면 위의 인용문에서 나타난 주장은 원작 내용을 각색한 부분이자 불특정다수의 관객이 아닌 연극인이라는 특정 집단들이 겪고 있는 문제라는 점에서 관객들에게는 동시대적 문제라고 하더라도 이질감을 느낄 수 있는 발언으로 들릴 수 있다. 그럼에도 불구하고 앞뒤 상황과 매끄럽게 연결되는 자연스러운 각색과 함께 무대 위 배우들이 생활 속에서 체감하는 문제라는 점에서 예술을 위해 고군분투하는 예술가들의 진정성 있는 울림으로 각인된다.

〈햄릿〉 곳곳에 발견되는 이러한 각색 장면을 통해 배우와 관객들은 코로나19가 생산하고 변화시킨 사회적·문화적 변화 및 예술의 가치 등을 공유하고 이로 인해 과거의 작품을 동시대의 작품으로 해석할 준비를 하게 된다. 〈햄릿〉은 이러한 동시대적 맥락에서 한 발 더 나아가 대한민국의 현재와 연결되어 있는 역사적 상황까지 드러낸다.

| 햄릿 | (책을 읽는다) "건국을 마친 기성세대는 혁명을 시작한 젊은 세대에게 쫓겨난다. 혁명을 이룬 기성세대는 **혁명에 소외되었던 더 젊은 세대에 의해 추방된다.** 그것이 한 국가의 운명이다" |

어떤가? 자네도 나처럼 젊었던 때가 있었을 텐데. **선왕의 정복 시대에는 할 일이 제법 많았지?**

폴로니어스 제가 법무대신이었을 때군요. 우리 국민들이 법을 하도 못 알아 들어서 매를 들어야 했던 시기가 있었죠.

햄릿 멍청이들이 매를 드는 바람에 맞은 놈들도 더 멍청해져버렸어. 그 덕에 꿀떡꿀떡 잘도 속아 넘어가지. **멍청이들은 지들이 만든 이 살기 좋은 나라에서 잘 살고 있나 모르겠네.** 다들 어디 있을까?[17] (강조, 인용자)

선왕을 죽인 클로디어스와 결탁한 폴로니어스를 향한 햄릿의 공격의 말들, 특히 폴로니어스가 폭력으로 국민을 통치했던 때에 전 법무대신이라는 점 등은 과거 대한민국의 군부독재 시대와 당시 대한민국 국민을 향한 폭력적 통치 방법과 그 주요인물들, 그리고 그들의 현재적 처지에 대한 조롱 등을 환기시키는 부분이라고 할 수 있다. 이렇듯 숙부와 결혼한 어머니 거트루드를 향한 증오와 함께 클로디어스에 대한 햄릿의 복수심은 대한민국의 역사를 드러내면서 진행된다.

"연극의 목적"이 "자연을 거울에 비추어 옳은 것은 옳은 대로, 어리석은 것은 어리석은 대로 보여주면서 시대의 본질을 생생하게 나타내는 일"[18]이라는 셰익스피어 원작의 대사 중 하나이자 연극의 사회적 의미 및 수행적 측면 등을 고려했을 때, 앞서 제기한 문제의식은 이 작품

---

17 〈햄릿〉, 22쪽.
18 셰익스피어, 앞의 책, 77~78쪽.

이 갖고 있는 동시대성이자 배우들이 작품을 이해하는 데 해결해야 할 해석지점이라 할 수 있다. 햄릿을 연기하기 위해 "우리가 살아가는 이 시대와 어떻게 만날 수 있을지"[19]에 대한 이봉련 배우의 고민은 그녀가 연기한 전작에서의 경험을 통해 그 답을 유추해볼 수 있다. 인터뷰에서 이봉련은 박근형 작·연출의 〈만주전선〉에서 연극과 사회의 연대, 이에 따른 관객과의 소통을 경험한 바 있다고 한다. 〈만주전선〉을 연기하면서 "친일이라는 얼룩이 연쇄하는 부조리한 상황을 목도"하였고, "비록 유쾌하지 않은 감정으로 극장 문을 나섰더라도, 이러한 부분에 대해 서로 소통하고 공연하는 일이 그녀는 좋"[20]았다고 한다. 즉 햄릿을 연기하기 위해 던졌던 동시대와의 접속은 그녀가 캐릭터 구축을 하는 데 있어 중요한 연기 과정이라 할 수 있다.

동시대적 해석 능력은 〈만주전선〉뿐만이 아니다. 위안부 문제를 다룬 〈1945〉(배삼식 작), 그리고 일제 말기 강제징용을 소재로 한 〈코스모스 : 여명의 하코다테〉, 그리고 해방 이후 국가의 폭력성을 극화한 〈전명출 평전〉(백화룡 작), 〈보도지침〉(오세혁 작) 등에 참여한 연기 이력과 연기적 성과를 생각한다면 이봉련 배우가 이 작품에 나타난 동시대와 접속하는 문제의식을 해석하는 데에 큰 무리는 없어 보인다. 즉, 각색 과정에서 도드라진 〈햄릿〉에서의 동시대성으로 인한 현재적 의미에서의 햄

19 「[인터뷰] 이봉련 "햄릿, 성별은 중요치 않아 인간적인 면모 초점"」, 『뉴시스』, 2020.12.13.
20 이주영, 앞의 글, 192쪽.

릿이란 성격 구축이 성공적으로 이루어졌던 점은 작품과 캐릭터를 분석하는 이봉련 배우의 탁월한 해석 능력이 크게 작용하였다고 볼 수 있다.

엘리자베스 시대에 발표된 〈햄릿〉의 햄릿이 아닌 지금/여기와 접속하고자 하는 〈햄릿〉의 햄릿을 연기하는 배우 이봉련은 동시대를 살아가는 한 개인이자 배우로서, 그리고 동시대와 연결되어 있는 역사적 문제를 극화한 작업에 함께했고 그 성과를 보여주었다는 점에서 〈햄릿〉의 햄릿은 그녀가 맡아야 할 배역이었다. 이와 더불어 배우 이봉련이 〈햄릿〉에서 고민하고 해결해야 할 미션은 남성·여성이 아닌 '햄릿'이다.

3. 인간으로서의 '햄릿'

〈햄릿〉은 앞서도 언급하였듯, 젠더 프리 캐스팅 작품이라는 점에서 햄릿을 남녀라는 특정 성(性)이 아닌 한 인간으로서 주목한 작품이다. 이 작품이 젠더 프리 작업으로서 주목되고,[21] '햄릿=남성 역'이라는 견고한 프레임이 작동되기에 극 중 해군 장교 출신인 햄릿을 연기해야 하는 배우 이봉련 또한 이에 대한 고민을 하지 않을 수 없었다.[22] 특히 각

---

[21] 〈햄릿〉은 햄릿 인물뿐만 아니라, 여러 등장인물에서 젠더 프리 캐스팅을 한 작품이다. 햄릿의 친구인 호레이쇼, 마셀러스 등은 여성 배우로, 오필리어는 남성 배우로 캐스팅되었다.

[22] 배우 이봉련은 이와 같은 고민을 인터뷰를 통해 밝히고 있다. "저도 역할에 대한

색 과정에서 어쩔 수 없이 인간이 아닌 성이 드러나는 부분이 발생하는데, 이는 배우가 캐릭터를 구축하는 과정에서 인지하지 않을 수 없는 부분이다. 우선 햄릿을 향한 호칭에서부터 이러한 난관이 발생한다.

클로디어스 햄릿, 내가 그 마음을 모를 리 없지. 내가 저 자리에 앉는 것은 피할 수 없는 일이었어. 허나 (사이) 내 재임기간은 딱 10년이다. 그것으로 충분하다. 그 이후 이 자리는 햄릿한테 돌아갈 것

편견이 있잖아요. 그걸 여자가 할 거라는 생각을 딱히 안 하고 있었어요. 이 사회에서 적응해서 살아온 사람으로서, 뭔가 문제제기를 하기보다, 어떤 것에 대해선 편견에 많이 갇혀 있죠. 그건 당연히 누군가가 해왔던 일이고 저한테 기회가 있을 거라는 생각조차 안 한 거죠." 「[공연후]'공주' 햄릿도 복수와 왕좌를 꿈꾼다, 배우 이봉련의 '햄릿'」, 『민중의소리』, 2021.03.27.

이다. **그때 좋은 왕이 돼라, 햄릿.**

(사이)

클로디어스 오늘부로 햄릿 공주는 해군에서 전역한다. 이젠 장교가 아니라
왕위 계승자로서 궁에 머물 것이다. 나와 함께 국정을 나누는
중신으로서, 핏줄로서, 이 나라의 미래로서 내 곁에 있어라.[23]

(강조, 인용자)

〈햄릿〉은 햄릿 역에서 성별을 걷어냈다. 허나 햄릿을 부르는 호칭에
서만큼은 왕자에서 공주로 배우의 성별을 유지시킨다. 이 공주란 호칭
은 비단 위 인용문에서뿐만 아니라 작품 중간중간 지속적으로 등장한
다. 배우가 한 인물의 캐릭터를 구축할 때, 성별은 주요 정보가 된다. 허
나 이 작품이 젠더 프리 공연이라는 점에서 왕자와 구별되는 공주라는
호칭은 배우에게 오히려 성격 구축에 있어 방해가 되는 요소가 될 수
있을 것이다.

위 인용문에서 확인되듯, 극의 전후 맥락과 장면의 상황상 공주란 호
칭이 생략되어도 작품을 감상하는 데 있어 큰 무리는 없다. 허나 〈햄릿〉
은 생략이 아닌 왕자에서 공주로의 각색 및 이 호칭을 극이 전개되는
동안 유지하고 있다는 점에서 여성 햄릿을 관객들에게 환기시킨다. 또
한 위 인용문에서 클로디어스는 장차 햄릿에게 좋은 '여왕'이 아닌 '왕'
이 되라고 당부한다.[24] 왕자와 공주, 왕과 여왕 사이에서 배우는 인간 햄

---

23 〈햄릿〉, 3~4쪽.

24 햄릿 역을 남자 배우가 여자 배우가 하게 된 이유 중 하나로 부새롬 연출은 다음

릿을 구축하기 위해, 연기하기 위해 이에 대해 고민해야 한다.

〈햄릿〉은 공주란 호칭뿐 아니라 의복에서도 햄릿이 여성 인물임을 관객들에게 드러낸다. 흔히 연극에서 의복은 관객들에게 2시간 남짓한 짧은 공연 시간 내에 무대 위에 등장한 인물에 대해 빠르게 파악할 수 있게 하는 하나의 지표이자 정보적 기능을 하는 요소라 할 수 있다.

햄릿은 크게 두 종류의 의상을 입고 무대에 등장한다. 2막 2장까지 햄릿은 치마를 입고 등장하며, 이후부터는 바지를 입고 등장한다. 이미 1막에서 공주로 불린 햄릿이기에 치마가 극 중 성별과 충돌되는 의상은 아니다. 치마/여성과 바지/남성이라는 이분법적 사고체계에서 햄릿에게 주어진 성은 여성이다. 물론 치마가 여성에게만 허락된 의복은 아닐 수 있다. 허나 〈햄릿〉에서 남자 배우가 남성 역으로 연기하는 인물, 그리고 여자 배우가 남성 역으로 분하여 연기하는 인물들은 모두 바지를 입고 등장하며 거투르드와 같은 여성 인물들은 치마를 입고 등장한다. 이러한 점에서 〈햄릿〉은 관객들에게 의복을 통해 성 구분을 인지시켜주는 작품이라 할 수 있다. 결국 햄릿을 연기한 이봉련 배우는 호칭과 의복을 통해 햄릿이 여성 인물임을 인지할 수밖에 없다.

이렇듯 〈햄릿〉은 햄릿을 연기하는 배우에게 인간 햄릿으로 구축되어

과 같은 의견을 제출한다. "그래서 다시 생각한 것이, 영국에는 여왕이 있으니 햄릿이 공주여도 괜찮겠다는 것이었어요. 그렇게 방향을 잡되 진새씨(각색가 : 이하 각색가)와 각색 작업을 하며 햄릿이 남성이든 여성이든 상관없게끔 만들었으면 좋겠다는 의견을 함께 했죠." 남궁경, 「햄릿은 울지 않는다」, 『〈햄릿〉 프로그램』, 국립극단, 6쪽.

야 하는 과정에서 여성으로서의 성을 환기시키는 정보들을 호칭과 의복 등을 통해서 제공해주고 있다. 그런 점에서 배우 이봉련은 인간 햄릿을 관객들에게 보여주기 위해 여성으로서의 햄릿을 인정하든 극복하든 해결해야만 한다. 배우에게 주어진 이 과제는 각색 과정 및 연출의 도에서 자연스럽게 해결된다. 〈햄릿〉은 햄릿을 여성으로 인정한다. 여기서 주목할 점은 햄릿에게 부과된 여성으로서의 역할이 아닌, 햄릿이 여성일 수도 있다는 점이다. 즉 햄릿이란 캐릭터를 구축하는 과정에서 여성은 인간의 한 부류일 뿐이다.[25]

①

부새롬 **여성이 여성으로서의 정체성을 고민하고, 성적으로 불평등한 사회 구조에 대해서 괴로워하고, 거기에 부딪치고, 이런 얘기들을 이 작품에서 하고 싶지는 않았어요. 왜 여성은 맨날 그런 걸로 고민하지? 햄릿이 여성이어도 남성과 다를 바 없이 왕권을 갖고 싶고, 복수하고 싶고 그런 걸로 고민하는 모습을 보고 싶었던 것 같아요.**[26](강조, 인용자)

②

결과적으로 엘시노어성에 갇혀버린, 고뇌자 '왕자 햄릿'이 아니라, 무엇이든 할 수 있는, **복수자 '공주 햄릿'이 되었습니다.** '착

---

25 남자 배우가 연기하는 오필리어 또한 정신이상 행동을 보일 때 화환을 쓰고 등장한다. 시각적인 모습에서 남성과 여성이 공존한 듯 보이지만, 정신이상의 행동으로 해석한다면 이 또한 충분히 이해될 수 있는 장면이다.

26 남궁경, 앞의 글, 6쪽.

한 여자는 천당에 가지만, 악한 여자는 어디든 간다' 는 말에서 영
감을 받았습니다. 말을 좀 더 보태자면, **시대를 견뎌내는 어리고
약한 자들이 권력자를 향해 내지르는 소리 없는 함성을, 우리 연
극이 더욱 잘 들을 수 있었으면 하는 마음을 담았습니다.**[27] (강조,
인용자)

부새롬 연출의 발언①에서도 확인되듯, 햄릿이 공주/여성이기에 그
려낼 수 있는 여성 정체성에 대한 고민, 혹은 왕권을 둘러싸고 여성으
로서 겪게 되는 사회적 불평등이 아닌, 복수라는 인간의 심리에 집중하
여 햄릿을 주목하고 있다. 아울러 각색자인 정진새 또한 '공주 햄릿'을
그리는 데 있어 공주에 방점이 찍힌 인물이 아닌, 복수자 햄릿을 통해
"시대를 견뎌내는 어리고 약한 자들이 권력자를 향해 내지르는 함성을"
을 그려내고자 했다.

배우 이봉련 또한 굳이 햄릿을 여자 배우가 연기하는 여성 햄릿으로
인식한다거나, 여성 문제를 고민하며 연기할 필요가 없는 것이다. 배우
는 여성이되 오직 인간 햄릿에 집중하면 된다. 배우에게 던져진 이러한
연기 과제는 인간 햄릿에 집중한 각색 작업과 함께 배우의 연기 능력,
예를 들어 "2018년 두산아트센터에 올랐던 〈내게 빛나는 모든 것〉에서
성별에 상관없는 젠더 프리 역할을 맡"[28]았던 연기 경험, 그리고 〈햄릿〉
이후 출연한 〈코스모스 : 여명의 하코다테〉에서 한국인 배우임에도 일

---

27 정진새, 앞의 글, 5쪽.
28 『민중의소리』, 앞의 글, 2021.03.27.

본인 여성을 연기했던 점을 생각한다면, 〈햄릿〉에서 공주 햄릿에게 요구되었던 인간 햄릿은 배우 이봉련이 연기하기에 적확한 인물이라 하겠다.

〈햄릿〉은 햄릿을 여성인 공주로 인정했기에 햄릿이 여성임을 드러내는 장면은 더 이상 문제가 되지 않는다.

> **햄릿** 언젠가 들려준 대사 있잖아. 나를 쏙 **빼닮았다**고 하는 그 이야기…
>
> **배우2** 엘렉트라? 자기 아버지를 죽인 어머니와 어머니의 정부를 편드는 동생에게 엘렉트라가 저주의 말을 퍼붓는 바로 그 장면 말씀이십니까?[29]

위 인용문은 숙부와 어머니에게 보여줄 연극을 준비하는 과정에서 햄릿과 배우가 나누는 상황으로서 각색 작업에 의해 추가된 장면이다. 배우2는 햄릿을 보고 엘렉트라와 닮았다고 한다. 햄릿이란 인물을 오이디푸스 콤플렉스로도 해석하는 연구적 상황에서 위 장면은 햄릿이란 인물을 분석하는 데 있어 "오이디푸스의 여성형인 엘렉트라 콤플렉스"[30]로 해석할 수 있는 여지를 제공한다. 허나 이 또한 오이디푸스 콤플렉스처럼 근친살해의 욕망을 드러낸다는 점에서 원작에서처럼 숙부와 결혼한 어머니에 대한 햄릿이 갖는 증오의 심리를 극명하게 보여주는

---

29 〈햄릿〉, 27쪽.
30 한국문학평론가협회, 『문학비평용어사전』, 국학자료원, 2006.

장면이라 할 수 있다. 아울러 각색 과정에서 〈햄릿〉은 셰익스피어 원작 〈햄릿〉과 비교해 거트루드를 강한 캐릭터로 그려내고,[31] 이에 따른 햄릿과 거트루드의 갈등 상황을 첨예하게 극화했다는 점에서 인간 햄릿이 겪고 있는 복잡한 심리를 배우 이봉련이 좀 더 효과적으로 연기할 수 있었다.

복수, 증오 등 같은 심리적 표현은 이봉련 배우가 갖고 있는 연기 특장 중 하나이다. 햄릿의 "광증은 햄릿의 주요 성격적 요소"[32]이다. 심리적 불안, 증오 등 복수의 과정에서 드러나는 햄릿의 광증은[33] 햄릿을 연기하는 데 있어 배우가 해결해야 하는 연기 과제라 할 수 있다.

①

폴로니어스 제가 누군지 아십니까?
햄릿　　　알고 있지. 낚시꾼 아닌가.
폴로니어스 낚시꾼이요? (당황하며) 하하하, 역시 바다에 오신 분답습니다.
햄릿　　　자네가 정직한 사람이라면 좋겠네.[34]

31　셰익스피의 원작과 달리 〈햄릿〉에서의 거트루드는 자신의 욕망에 충실한 인물로 그려진다. 대표적인 장면은 다음과 같다.
　　거트루드 그래. 나는 나의 힘을 지키고 싶었어. 그에게는 명분이 필요했고, 나에게는 보장이 필요했지. 클로디어스가 젊은 여자랑 결혼해서 자식이라도 낳으면 넌 끝이니까.(〈햄릿〉, 48쪽.)
32　임승태, 「한국 〈햄릿〉 상연에서의 광증」, 서울대학교 협동과정 공연예술학전공 박사학위 논문, 2016, 9쪽.
33　임승태, 위의 글, 182쪽.
34　〈햄릿〉, 21쪽.

②

폴로니어스 퇴장.

햄릿　공모자냐, 방관자냐…

(사이) 음흉한 늙은이 새끼!! 몸조심 하라고? 얻다대고 감히… 한번만 더 까불면 죽여 버리겠다…**35**

위 인용문에서도 확인되는 복수를 위해 하얀 천을 두르고 미친 척 연기하는 햄릿(①), 적에 대한 분노와 증오를 표출하는 햄릿(②) 등과 함께 숙부인 클로디어스와의 갈등 및 앞서 밝힌 거트루드와의 갈등 상황 등에서 햄릿은 광증 및 분노를 표출한다. 하여 〈햄릿〉에서도 배우 이봉련에게 요구되는 연기 중 하나는 광증 내지 광기 어린 분노와 증오의 연기술이다.

박근형 연출가가 이끄는 극단 골목길의 작품인 〈청춘예찬〉〈만주전선〉〈여름은 덥고 겨울은 길다〉 등에서 "몰입도 높은 연기"력을 인정받은 배우 이봉련은 〈햄릿〉에서는 "과감하고 광기 어린 연기"**36**를 보여주었다. 이러한 이봉련 배우의 광기 어린 혹은 광증 연기는 이미 박근형 연출의 여러 작품을 통해 검증받았다. 〈전명철 평전〉 오디션 때, 박근형 연출은 그녀를 재일교포로 착각했으며, "그녀에게서 좋은 의미로서의 이상함을"**37** 느꼈다고 한다.

35　〈햄릿〉, 22쪽.

36　「작년에 못 만난 '햄릿' 고품질 영상으로 만나요」, 『경향신문』, 2021.02.24.

37　이주영, 앞의 글, 189쪽.

박근형 작품에서 그녀가 맡은 역할을 살펴보면, 박근형 연출가가 언급한 '이상함'이 주로 햄릿에서 보여준 광증·광기 혹은 현실을 초과한 어느 지점과 맞닿아 있음을 확인할 수 있다. 특히 그녀의 연기력을 확인할 수 있고, 그녀 스스로도 가장 기억에 남는 인물인 〈청춘예찬〉의 간질 역할이 대표적이다. 간질로 인해 발작하는 인물을 연기하는 데 있어 배우 이봉련이 보여준 순간의 몰입도 있는 연기력은 햄릿의 광증·광기를 연상시킨다. 〈청춘예찬〉의 간질 역뿐만 아니라 넷플릭스 드라마 〈스위트홈〉에서 아이를 잃어 정신이상인 여인 역할에서도 광증의 연기를 확인할 수 있으며, 〈여름은 덥고 겨울은 길다〉〈코스모스: 여명의 하코다테〉(이상 박근형 작) 등에서도 광증에 가까운(혹은 유사한) 인물을 연기한 바 있다.[38] 이렇듯 햄릿의 성격을 구축하는 데 있어 주요한 요소인 광증, 그리고 증오와 분노의 감정 표현은 배우 이봉련의 연기적 특장을 가장 잘 보여주는 대표적 연기술이라 할 수 있다.

배우 이봉련이 해결해야 할 마지막 임무가 남았다. 그녀가 연기하는 인물이 여성과 남성이 아닌 해군 장교 출신이자 한 국가의 건강한 청년임을 보여주고, 아울러 복수라는 자신의 행동에 종지부를 찍는 장면인 레어티즈와의 결투 장면이다.

---

38 〈피리부는 사나이〉에서 일상적 상황을 깨트리는 누나 역도 리얼리티를 초과한 이상함을 보여준다는 점에서 함께 논의할 수 있는 역할이다. 이주영, 앞의 글, 190쪽.

햄릿과 레어티즈는 뛰어난 검술을 선보인다.

햄릿은 레어티즈의 칼에 찔려 상처를 입는다.

그러나 격투 끝에 햄릿은 레어티즈를 쓰러뜨린다.

레어티즈의 목에 칼을 겨누는 햄릿[39]

〈햄릿〉에서는 총 두 장면에서 햄릿의 검술 실력을 확인할 수 있다. 그 중 대표적인 장면은 셰익스피어의 원작과 위 인용문에서 확인되듯, 작품 후반부의 레어티즈와의 대결이다.[40] 레어티즈는 남자 배우가 연기를 한다. 이때 우려되는 지점은 여자와 남자의 신체적 조건 및 그에 따른 차이의 드러남이다. 신체적인 조건상 어쩔 수 없이 이봉련 배우가 남자 배우에 비해 밀릴 수밖에 없는 상황이다. 허나, 실제 공연에서는 이 차이를 느낄 수는 없었다.

이봉련 배우는 햄릿의 검술 능력을 갖추기 위해 액션 훈련을 받았으며, 그 결과 남자 배우가 연기한 레어티즈와의 검술 대결에서 햄릿으로서 양질의 검투 장면을 선보일 수 있었다.[41] 즉, 이 검투 장면은 햄릿

---

39 〈햄릿〉, 69쪽.

40 〈햄릿〉 3막 3장에서도 햄릿은 자신을 염탐하러 온 로젠크란츠와 길덴스턴에게 검술 실력을 선보인다. 단, 이 장면만으로 배우 이봉련의 검술 실력을 확인하기에는 다소 힘들다.

41 이봉련은 매체와의 인터뷰를 통해 검술 장면을 위해 힘써온 과정과 이를 위해 함께 노력한 동료에 대한 고마움을 밝혔다. "연극 '햄릿'을 준비하며 검술, 액션 훈련을 받았다. 액션을 배우고, 현장에서 합을 짜고 완벽하게 씬을 찍어내는 것은 배우들과 액션 팀이 힘을 합친 결과물이다. 그런 류의 장르를 하고 싶다. 은둔한 무림의 고수 역할을 해보고 싶다." 『KBS미디어』, 앞의 글.

이란 인물로 무대에 서기 위해 부단히 노력한 한 배우의 빛나는 성과이다. 또한 이 검술 장면은 그간 배우 이봉련에게 볼 수 없었던 연기라는 점에서 그녀의 연기 스펙트럼을 한층 더 확장시키는 계기가 되는 장면이라 할 수 있으며, 그녀 또한 이 성과를 〈햄릿〉에 한정하지 않고 앞으로 액션 장르에 도전하고 싶다고 밝힐 정도로 자신의 노력을 지속하고자 한다.

배우 이봉련은 〈햄릿〉을 통해 여성과 남성의 구분에서 벗어난 인간으로서의 햄릿, 광증·증오·분노 등의 감정을 과감하고 매끄럽게 표출하는 햄릿, 햄릿에게 기대하는 뛰어난 검술 능력을 갖춘 햄릿 등 연기자로서 보여줄 수 있는 다양한 능력과 햄릿의 모습을 무대 위에서 선보였다.

4. 햄릿 이후의 '배우 이봉련'

배우 이봉련은 여러 매체와의 인터뷰를 통해 〈햄릿〉의 햄릿을 왜 자신이 연기해야 하는지 궁금했다고 밝힌 바 있다. 이 연구는 배우가 던진 이 질문으로부터 시작하였다. 이 질문에 답하기 위해 이 글은 각색자 정진새가 각색한 〈햄릿〉에 나타난 햄릿의 여러 모습, 즉 햄릿 배역을 맡은 배우가 해결해야 하는 여러 과제들을 분석하였다.

2장에서는 〈햄릿〉에 나타난 동시대와의 접점에 주목하였다. 그 결과, 코로나19라는 세계적 위기 및 그에 따른 사회의 다양한 변화, 연극인이 겪고 있는 생활의 고민, 그리고 지금/여기와 연결되어 있는 역사적·정치적 사건들에 대한 이해가 배우 이봉련에게 요구되었다. 앞의 두 조건은 동시대를 살아가는 개인이자 연극인인 배우 이봉련에게 해결하기 힘든 과제는 아니다. 마지막 임무 또한 그간 배우 이봉련이 해온 작업들을 살펴봤을 때, 충분히 해결 가능한 과제라 할 수 있다.

3장에서는 배우 이봉련이 햄릿을 한 인간으로서 그려내야 할 부분들을 고찰하였다. 이 공연은 젠더 프리 공연으로서 배역에 있어 남녀의 성별을 와해시킨 작품이다. 비록 햄릿을 지칭하는 호칭이 공주이기는 하지만, 배우 이봉련은 각색의 지향점과 연출의 의도를 통해 공주 햄릿에서 공주를 거둬낸 인간 햄릿을 연기할 수 있었다. 이로 인해 배우 이봉련은 햄릿이 갖고 있는 심리에 집중하여 연기할 수 있었으며, 그중 그녀의 연기적 특장인 광증 및 분노 등과 감정 표현을 탁월하게 연기할 수 있었다. 아울러 햄릿에게 요구되는 검술 능력 또한 이를 해결하기 위한 배우 이봉련의 끊임없이 노력으로 인해 성공적으로 무대에서 해결할 수 있었다.

배우 이봉련이 연기자로서 가진 장점 및 능력은 다양하다. 그간 어떤 배역도 마다하지 않고 최선을 다해 연기했던 그녀의 연기 경력 및 연기를 임하는 자세, 그 과정에서 완성되고 표현된, 이정은 배우의 표현을 빌자면, 잠깐 등장만으로도 "'기승전결'을 다 보여주는"[42] 그녀의 연기

---

42 「"무대는 내 토양… 돌아왔다는 표현은 맞지 않아요"」, 『동아일보』, 2020.12.10

내공 등으로 인해 배우 이봉련은 한 작품 안에서 다양한 임무를 수행하는 햄릿을 관객들에게 성공적으로 선보일 수 있었다.

〈햄릿〉에서의 햄릿은 배우 이봉련의 연기 스펙트럼을 확장시키고, 연기자로서의 배우 이봉련의 가치를 빛나게 하는 역할이자 전환점이 되는 작품이라 할 수 있다. 하여, 햄릿을 통해 자신의 연기적 역량을 성공적으로 무대에 펼쳐 보인 이봉련 배우, 이를 완벽하게 연기한 햄릿 이후의 배우 이봉련의 연기가 더욱 기대된다.

참고문헌

1. 기본자료

셰익스피어, 「햄릿」, 『셰익스피어 4대 비극』, 이태주 역, 푸른사상사, 2021.
정진새 각색, 〈햄릿〉, 국립극단, 미출간본.
『〈햄릿〉 프로그램』, 국립극단, 2021.

2. 단행본 및 논문·평론

김신록, 「배우가 만난 배우 : 이봉련X김신록」, 웹진 『연극인』 197, 2021.
김태희, 「젠더 구별 없애기, 득인가 독인가」, 『연극평론』 91, 한국연극평론가협
　　　회, 2018.
린다 허천, 『각색 이론의 모든 것』, 유춘동 외 3인 역, 앨피, 2017.
이주영, 「무심한 듯 진지한 배우 이봉련」, 『공연과이론』 55, 공연과이론을위한
　　　모임, 2014.
임승태, 「한국 〈햄릿〉 상연에서의 광증」, 서울대학교 협동과정 공연예술학전공
　　　박사학위 논문, 2016.
한국문학평론가협회, 『문학비평용어사전』, 국학자료원, 2006.

3. 신문기사

「'생일' 이봉련, 新 '충무로 씬스틸러'로 숨은 조력자」, 『매일경제』, 2019.04.08.
「"무대는 내 토양… 돌아왔다는 표현은 맞지 않아요"」, 『동아일보』, 2020.12.10.
「[인터뷰] 이봉련 "햄릿, 성별은 중요치 않아 인간적인 면모 초점"」, 『뉴시스』,
　　　2020.12.13.
「[인터뷰] 이봉련, 익숙함과 생경함 "런온에도 나오고, 스위트홈에도 나오고"」,

『KBS미디어』, 2021.02.04.

「작년에 못 만난 '햄릿' 고품질 영상으로 만나요」, 『경향신문』, 2021.02.24.

「[공연후] '공주' 햄릿도 복수와 왕좌를 꿈꾼다, 배우 이봉련의 '햄릿'」, ≪민중의소리≫, 2021.03.27.

「백상 연극 여우주연상 배우 이봉련 "단타로 치고 빠지는 인물이 더 어렵다" [② 인터뷰]」, 『세계일보』, 2021.05.19.

배우 김성옥(金聲玉) 연구

전성희

배우 김성옥(金聲玉) 연구

1. 들어가며

1949년 한국연극학회가 주최한 제1회 전국남녀대학연극경연대회 이후 당시 이 행사에 참가했던 고려대, 연세대 참가자들이 모여 대학극회라는 범대학 연극단체를 결성하였다. 이 연극경연대회 출신자들이 이후 한국 연극에서 새로운 조류를 형성하였다. 고려대의 최창봉, 김경옥과 연세대의 차범석 등의 대학극회 출신 등이 신협에 반기를 들고 1956년 '현대극 양식의 제작'을 목표로 제작극회를 창단, 어려운 여건 속에도 극단 활동을 시작하였다. 전쟁 이후 한국 연극의 새로운 물결로 등장한 제작극회는 한국 현대극과 소극장 운동의 출발이 되었으며 대학연극반의 활성화와 나아가 동인제 시스템의 기반을 마련했다.

이후 1960년대 이르면서 서울대, 고려대, 연세대 등의 대학 연극반 출신들의 활약으로 한국 연극은 동인제 시스템과 지성주의 등으로 정통성을 확보했다. 이러한 정통성은 당시 저질 신파극에 저항해 1931년 도쿄 유학생들이 결성했던 극예술연구회처럼 당시 연극의 주류를 이루었던 국립극단이나 신협과는 다른 새로운 형식과 내용의 연극을 시도, 이후 신극(新劇)의 한 줄기를 형성하면서 본격적인 현대연극의 출발이 되었다고 볼 수 있다. 사실 이러한 동인제 극단은 기존의 직업극단 운영 방식에 반기를 들고 단원들의 회비로 극단을 운영하고 연극을 제작하는 방식의 아마추어리즘, 연극의 순수성을 지향했다. 이러한 비직업적 동인제의 특성은 한국 연극의 한계이면서 동시에 연극의 직업화에 걸림돌이 되기도 하였다.

이와 같은 1960년대 한국 연극의 특징 중 하나인 동인제 극단들의 등장은 당시 침체한 연극계에 신선한 바람을 일으켰다고 평가되는데 4·19 혁명 이후 새로운 시대와 변화를 열망하던 시대정신이 반영된 것으로 젊은 세대가 주축을 이루었다.

1935년 2월 11일 (음력)[1] 목포에서 출생한 김성옥(金聲玉)은 1956년 고려대학교 사학과에 입학. 고대극회에서 연기, 연출에 이어 회장을 맡는 등 활발하게 활동을 하였다. 대학 졸업 이전이었던 1960년 서울대 학생이었던 김의경과 실험극장 창단 동인으로 출발, 드라마센터, 국립극단, 극단 산하, 극단 산울림 등의 단원으로 활동했으며 1962년 KBS TV

---

1 인터넷 자료 등을 보면 김성옥의 생년월일은 1935년 11월 1일로 기록되어 있지만 그와의 인터뷰를 통해 오류였음을 확인했다.(김성옥과의 대담, 2022년 4월 22일)

개국 때부터 다수의 영화와 TV 드라마에도 출연했던 대한민국의 배우다. 김성옥은 대학 졸업 이후 실험극장에서 연기자로 활동을 시작하여 1974년 무대를 떠날 때까지 동아연극상 2회, 제1회 서울신문 주최 문화대상 연극 부문 연기상 1회, 한국연극영화예술상(현 백상예술상) 등을 수상하였다.

김성옥은 1960년대 한국 연극의 특성인 동인 시스템의 형성에 한 획을 그었지만 그에 대한 언급은 활동 당시 일간지 지면에서나 확인이 될 뿐이고 한국 연극사에서도 희미하게 흔적만 남아 있을 뿐이다.

최근에는 목포시청에서 발간한『목포시사』[2]에서는 '목포가 낳은 최고의 배우'라는 영예로운 제목으로 김성옥의 성장과 활동 전체를 정리했다. 최근 고대극회에서 그 역사를 정리한『고려대학교 연극 100년사 (1918-2017)』[3]를 발간하였는데 이 책에서도 고대극회와 관련하여 김성옥의 활동을 정리, 평가하고 있다.

이 글에서는 당시 동아일보, 조선일보, 경향신문 등 일간지에 언급되어 있는 그의 기사를 중심으로 1960년대와 1970년대 초반 한국 연극에 관한 자료를 찾아 배우 김성옥의 배우 활동을 정리, 연구하는 데 주력하면서 그가 세계관과 연극관을 형성할 수 있었던 그의 가계와 성장을 간략하게 살펴보려고 한다.

---

2   김경완,「목포가 낳은 최고의 배우」,『다섯마당 목포시사 4권 터전 목포』, 목포시 · 목포시사편찬위원회, 2017.

3   양윤석,『고려대학교 연극 100년사(1918-2017)』. 연극과인간, 2021.

목포에서 고등학교까지 졸업한 김성옥이 1956년 고려대학교 사학과에 진학, 대학극회에서 연극을 시작한 이후부터 1973년 은퇴까지 기간 동안의 연극 활동이 주요 연구 대상이다. "오늘의 연기는 그 시간에만 머물러 있다가 영겁의 피안(彼岸)으로 사라지고 만다"[4]는 차범석의 말처럼 김성옥의 연기는 이제 다시 확인할 수 없지만 이러한 연구를 통해 그의 배우 생활을 기록하고 정리, 한극 연극사에서 의미를 찾아보고자 한다. 이후 사업가로서 활동하다가 1980년대 중반 이후 13년 만에 배우로 복귀한 김성옥의 활동은 연극보다는 TV 드라마와 영화 등에 집중되어 있었다. 6년간 우석대학에서 후학들에게 연기를 가르치기도 했고 목포로 귀향한 후에는 목포시립극단의 예술감독으로서 활동하였다. 이후 지역사회의 작은문화모임인 셰익스피어 연극학교와 소리꽃세상이라는 시낭송 모임을 주관하는 등 지역에서의 문화활동 등을 지속하고 있지만 이 부분은 연구에서 제외시켰다. 배우 김성옥에 대한 본 연구는 단순히 배우에 대한 기록을 정리하는 것을 넘어 한국 연극사의 폭과 외연을 확장하는 출발이 될 수 있을 것이라고 생각한다.

4　차범석, 「대리석 조각 앞에서」, 『金東圓 藝에 살다』(김동원 희수 기념집), 1992, 236쪽.

2. 김성옥의 가계와 성장

1935년 목포 죽동에서 태어난 김성옥은 당시로서는 드물게 조선인이 경영하는 희성유치원과 일본인이 경영하는 명조유치원을 3년이나 다녔다. 그가 초등학교에 입학했을 때 일본말을 유창하게 구사해 친구들이 일본 사람인 줄 착각할 정도였다고 한다. 김성옥의 외가, 특히 외할아버지는 하동 출신의 독립운동가 박내홍[5]으로 당시 가명 박중례로 활동을 하기도 했다. 김성옥이 초등학교 4학년 때 해방이 되자 외할머니에게 한글을 가르쳐달라고 해서 세 시간 만에 깨우칠 정도로 영특했다고 한다.

여덟 살이 되어 산정초등학교에 입학한 김성옥은 외할머니가 아들을 잃은 슬픔을 달래려 산정동 성당에 나가게 되자 가족과 함께 열 살 때 도비아라는 세례명을 받고 신앙 생활을 시작했다. 이것은 후일 그의 연극 활동에 밑거름이 되었다. 성당에서 복사를 맡기도 했던 김성옥은 미사 때 라틴어로 기도문을 외우고 신부님을 도왔다.

그는 "무엇보다도 성당에서 신앙 생활을 하면서 연극을 접하고, 시작한 것은 잊을 수 없는 기억"[6]이라고 회고했다. 당시 성당에서는 성탄절이 되면 12시 성탄미사를 올렸는데 성도들은 통행금지를 피해 미리 와

---

5   외할아버지 박내홍은 3·1운동 직후 독립운동에 뛰어들었고 수차례 일제에 검거되어 혹독한 수형 생활과 고문으로 1937년 사망, 1995년 건국훈장 애족장이 추서되었다.

6   김경완, 앞의 글, 192쪽.

있었고 그들을 위해 성당에서는 성극(聖劇)을 준비했다. "당시 성당의 성극 대본은 김동건 성도가 썼고 주연과 연출은 학생인 김성옥이 맡아서 진행했다. 연극에 필요한 음악도 그가 선곡을 했는데, 클래식 곡을 상당 부분 가져다 배치했"던 것으로 보아 김성옥은 연극에서 연출과 배우, 음악 감독에 이르기까지 성극에 적극적으로 참여했던 경험이 후일 연극의 길로 갈 수 있는 기틀이 되었다고 할 수 있다.

산정초등학교 졸업 후 5년제 목포중학교에 입학, 중학교 3학년 때 차범석을 담임 선생님으로 만났다. 당시 차범석은 목포중학교의 목중예술제에서 자신의 희곡을 공연하고 갈매기나 전우 같은 잡지에 습작 시기의 희곡을 공연하는 등 활발하게 연극 활동을 하고 있었는데 김성옥은 이런 차범석에게서 다분히 영향[7]을 받았을 것이라고 추측된다. 목포에서 김성옥의 성장 과정은 그가 후일 연극에 열정적으로 활동할 수 있는 밑거름이 되었다.

3. 고대극회와 실험극장의 창단

김성옥은 1955년 입시에서 고려대 사학과에 응시했으나 실패, 다음 해에 다시 도전, 합격하였다. 유년 시절의 연극적 토대는 대학에 입학,

---

7 당시 김성옥은 차범석의 집에 드나들면서 가까이 지냈고 2022년 7월 22일 대담에서 "남도의 리듬, 목포의 리듬을 차범석 선생에게 배웠어." 라고 회고했다.

대학 극회 활동으로 바로 이어질 수 있었다.

　고려대에 입학한 김성옥은 최창봉, 김경옥, 최상현 등 고대 선배가 많았던 제작극회의 분위기가 좋아 자주 구경을 가기도 했고[8] 고대극회의 〈메디아〉 공연에서는 크레온 역할을 맡아 호평[9]을 받기도 했다. 이듬해인 1957년 "김경옥과 최창봉을 중심으로 전개되어온 리더십 의존에서 벗어나 새로운 리더십으로 세대 교체"[10]를 위해 고대극회의 회장을 맡았다. 당시 차범석은 연세대 출신임에도 불구하고 같은 제작극회의 멤버였던 고대 출신의 최창봉, 김경옥 등과 가깝게 지냈기 때문에 고대 극회에 자주 찾아왔고 그 인연으로 고대극회의 제10회 공연 버나드 쇼의 풍자희극 〈악마의 제자〉 공연에서는 번역을 맡았으며 이후의 공연에서 연기지도를 해주기도 했다.[11] 1957년 12월 7일과 8일에 있었던 〈악마의 제자〉 공연에서 김성옥은 연출과 주인공 딕 던전을 맡았다.

　　1학년 때 〈메디아〉에서 크레온 역을 멋지게 해내고 2학년 때 회장이 되어 이 〈악마의 제자〉 공연을 주연에 연출까지 맡아 성공적으로 치러낸 김성옥은 이제 주영섭, 이계원, 김기영, 김경옥, 최창봉, 최상현 등

8　김성옥과의 대담, 2021년 10월 6일.

9　양윤석, 앞의 책, 133쪽.

10　위의 책, 138쪽.

11　1958년 고대극회 제11회 공연 〈성화〉의 연습 때 "선배 김경옥과 차범석의 지도가 큰 힘이 되었다고 하는데, 윤활식의 증언에 의하면 당시 차범석이 연대 후배들보다 고대극회에 더 애정을 가지고 연기지도를 해준 것이 큰 도움이 되었다고 한다." 위의 책, 같은 쪽.

의 맥을 잇는 고대극회의 핵심 리더가 되고 재학시절부터 한국 현대극의 초석을 쌓으며 훗날의 연극사는 물론 방송 및 영화의 역사에도 큰 발자취를 남기는 명배우 중의 한 사람이 된다.[12]

1959년 김성옥은 군에 입대해 있었[13]지만 고대극회 제12회 공연 손튼 와일더의 〈우리 마을(Our Town)〉 공연에 무대감독 역으로 출연하였다. 〈우리 마을〉은 이전에 영어로 공연된 적은 있었지만 우리 말로 공연된 것은 이 공연이 처음이었다. 〈우리 마을〉의 공연은 연극사적으로 볼 때 "대학극이지만 기성극단의 쇠퇴가 거의 말기적 징후를 나타내고 있는 현상에서 전위적인 색다른 특성을 지"[14]녔고 "그때까지만 해도 연극은 거의 실체와 같은 완벽한 무대장치를 세워놓고 하는 것이 정측이었으나 〈우리 마을(Our Town)〉은 무대장치는 하나도 없고 책상, 걸상, 판대가 하나, 사다리 두 개가 무대장치의 전부"[15]였지만 당시로서는 획기적인 무대였다. 〈우리 마을〉 공연 이후 전위극 혹은 실험극을 표방하는 공연이 빈번해졌다는 평가를 받았다. 비록 대학생들이 올린 공연이었지만 한국 연극의 변화를 이끌어낼 만큼 영향력이 있었다.

1960년 5월 김성옥은 교내가 아닌 원각사에서 고대극회의 제14회 공

---

12 위의 책, 136쪽.
13 유용환, 『무대 뒤에 남은 이야기들』, 지성의 샘, 2005, 22쪽.
14 서연호, 『한국연극사 – 현대편』, 연극과인간, 2005. 『고려대학교 연극백년사』, 145쪽에서 재인용.
15 유용환, 앞의 책, 22~23쪽.

연 서머싯 몸 원작 〈윤회(輪廻)〉(이기하 연출)에서 주인공 클라이브 역을 맡아 출연하였다. 당시 『조선일보』는 대학극회의 작품임에도 불구하고 이례적으로 이 작품의 평과 아울러 배우들의 연기에 대해 다음과 같이 언급했다.

> 비정상적인 발성을 바탕으로 한 다수 연기자들의 대사는 특히 일 막의 전반에서 객석에 전달되지 않아 보는 이로 하여금 원활하게 극의 흐름에 젖어들게 못했다. 그러면서도 과거의 비극과 현재의 비극을 대비시키기에 애쓴 연출은 열의에 찬 학생들의 열연으로 종막에 이르르는 전반의 부진을 만회하는 데 충분한 앙상블을 구축하기에 성공했다. 한편 한결같이 열연인 연기진에서 김성옥과 나영세가 호연인 편이고 거칠은 대로 여운계와 박규채의 노력도 사줄 만하다.[16]

이 공연은 후일 실험극장 창단의 배경이 되었는데 〈윤회〉의 공연을 보고 돌아오는 길에 당시 서울대 연극회 4학년 학생이었던 김의경과 경희대생 최진하가 주동, 김의경과 최진하의 고교 동문과 서울대 극회와 연대, 고대 출신들을 규합, 실험극장을 창단하였다.

실험극장은 "연극을 학문으로서 공부하고 연극을 직업으로 한다"라는 목표를 걸고 한국 극단사에서 가장 거창한 5조 10항의 실험극장 규약을 결의했다. 이 결의는 "극단사상 가장 힘차고 지적이고 청신한 규약"[17]이었지만 동인들의 회비로 운영되는 동인제 극단의 아마추어리즘

---

16 「한결같은 열연」, 『조선일보』, 1960년 6월 18일.
17 김성희, 「전쟁기와 전후 연극의 전개」, 『한국현대연극 100년』, 연극과인간,

과 직업극단으로서 한계를 그대로 드러냈다. 이것은 이후 김성옥이 실험극장을 이탈하는 원인이 되기도 했다.

국립극단과 신협과 같은 기성 연극계에 대한 반발로 대학 연극회가 중심이 된 실험극장은 창단 공연으로 1960년 11월 27일 동국대학교 소강당에서 이오네스코의 〈수업〉을 국내에서 처음으로 무대에 올렸다. 이 공연에서 허규는 연출을, 김성옥은 조연출을 맡았는데 "머리만 앞서고 손발이 움직이지 않는 안타까움만 안겨주"었다는 차범석의 평가는 이 공연의 실체를 말해준다. 부조리극에 대한 이해의 부족과 부조리극을 서사극적 방식으로 연출한 미숙함으로 주목을 받지는 못했다(당시 허규는 서사극에 빠져 열심히 서사극을 연구하던 중이었다고 한다).

그러나 실험극장은 구태의연한 국립극단이나 신협류의 리얼리즘에 반대하는 전위극으로서 부조리극을 소개했다는 자부심은 가질 수 있었다. 사학을 전공했던 김성옥은 이미 대학 재학 시절 실존주의 철학에 눈을 떴고 그의 관심은 부조리극으로 이어졌다.[18] 부조리극은 "1950년대 양차 대전을 겪은 후 실존주의 철학을 반사실주의 형식의 연극으로 인간과 사회의 실존적 부조리를 형상화한 것"인데 김성옥은 당시 부조리극에 깊이 빠져 있었고 그런 부조리극에서의 연기는 사실주의 연기와는 달라야 하며 그것을 연기로 표현하는 방법에 대해 고민을 하고 있

2009, 108쪽.

18 김성옥과의 대담, 2022년 7월 22일.

었다.[19] 그렇기 때문에 당시 스타니슬랍스키의 연기 방식을 주장하는 리얼리즘 연기술에 대해서는 회의적이었다. 그리고 그를 지배했던 사상적 기조는 신 중심의 세계관에서 벗어나 신과 인간의 대립을 문제로 삼았던 것이다. 전후의 허무주의 또한 그를 지배하고 있었다.[20]

어쨌든 〈수업〉 공연은 세계 연극사조와 동시대적으로 호흡하고 있다는 점에서 의미가 있는 공연이었다. 그리고 실험극장은 활동을 시작하면서 연극의 세계적 트렌드와 맥을 같이한다는 평가를 받을 수 있었다.

1961년 4월 실험극장은 제3회 공연으로 〈다리에서의 조망〉(아서 밀러작)을 동국대 중강당 무대에 올렸다. 이기하 연출의 이 공연에서 김성옥은 에디, 김동훈은 알피에리, 여운계는 베아트리스 역을 맡았고 무려 관객이 1,700명이나 들면서 대성공을 거두었다. 이것은 실험극장의 가능성을 볼 수 있었던 공연으로 평가된다.

이 무렵 아직 대학 재학 중이었던 단원들은 수업이 끝난 저녁때 모여서 연습을 하였는데 "연습은 일종의 싸움판이었다. 대학 시절에 연극을 하고 문학 서적깨나 읽은 젊은이들이었기 때문에 나름대로의 연극관이

---

19 "난 사학을 전공하면서 당시 부조리 철학에 사로잡혀 있었어. 내 자신의 철학적 바탕이 부조리한 시대에 진입했기 때문에 사실주의 연기는 못했던 게 아니라 할 수가 없었던 거야." 김성옥과의 대담, 2022년 7월 22일.

20 김성옥은 연극을 하는 데 철학적 사유가 필수적이라는 걸 깨닫고 대학 2학년 때 학과 동아리에서 허무주의에 대해 발표를 한 적이 있다. "'허무주의에 대한 사적 고찰' 같은 발표를 했는데 철학적 사유가 연극을 이해하고 배역을 맡는 데 큰 도움이 되었다"는 것이다. 김경완, 앞의 글, 195쪽.

있었던 만큼 자기주장을 관철하기 위해 열띤 토론을 벌였고 토론은 대체로 싸움으로 끝장났다. 특히 주의주장이 강하고 목소리가 큰 김성옥이 대본을 자주 찢어던지곤 했다"[21]는 것이다. 이에 관해 김성옥과 대담[22]에서 왜 그렇게 책을 찢었느냐고 묻자 이해가 안 되면 견딜 수가 없었기 때문이었다는 것이다. 김성옥은 연기에 있어 본인이 납득할 수 있어야 무대에서 움직일 수 있었던 배우였다.

김성옥은 목포에서 나고 자랐기 때문에 연극무대에서 목포 사투리 억양이 나왔다. 그래서 김성옥은 그것을 고치기 위해 대학 재학 중이었던 6년 동안 단 한 번도 고향에 가지 않았다[23]고 한다. 이러한 일화에서 그의 연극에 대한 열정과 고집스러운 태도를 확인할 수 있었을 것이다.

제3회 공연의 성공으로 인해 실험극장 단원들은 극단을 전문화해야 한다는 필요성을 절감했다. 단원들은 그간 자신의 주머니를 털어서 무대장치나 의상 등을 마련하는 연극이 너무나 초라했기 때문에 직업극단으로의 변신을 생각할 수밖에 없었다. "제3회 공연 직후 단원들 사이에서는 실험극장이 아카데미즘 내지 소극장적인 성격을 탈피하고 직업극단으로 전신해야 한다는 소리가 높"[24]아지면서 실험극장은 민예라는 전문극단과 아마추어 소극장인 실험극장의 이원 운영체제를 갖게 되었

---

21 유민영, 『우리시대 연극운동사』, 단국대학교 출판부, 1990, 313쪽.
22 김성옥과의 대담, 2021년 7월 18일.
23 위의 대담.
24 유민영, 앞의 책, 313쪽.

다. 이 와중에도 1961년 김성옥은 고대극회의 〈안티고네〉(이기하 연출)에도 출연하였다. 실험극장의 "이원제 운영은 이상론이었고 계속 실험극장 공연이라는 타이틀로 극단이 운영"[25]되었는데 김성옥은 1962년 KBS TV가 개국되면서 TV로 옮겨갔고 그렇게 TV에 종사하던 실험극장의 일부 단원들(연출가 이기하, 연기자 이낙훈, 김성옥, 이순재, 오현경)은 1963년 극단 산하 창단과 함께 옮겨갔다.

　이때 실험극장의 김의경은 "비록 서로 이념이 달라 다른 극단으로 이동을 하지만 정을 버릴 수는 없어 산하 창단 공연 전에 고별 공연을 하자"며 실험극장 잔류파와 산하 이적파들을 더블로 캐스팅하여 〈안티고네〉(장 아누이 작, 허규 연출)를 제11회 실험극장 공연으로 무대에 올렸다. 김성옥은 나영세와 함께 크레온 왕 역에 더블 캐스팅되었다. 산하로 떠났던 단원들 가운데 김성옥과 이기하를 제외하고는 다시 실험극장으로 복귀하였다.

　실험극장 창단 동인이었던 김성옥은 〈안티고네〉 이후 실험극장의 공연에서 빠졌다. 실험극장과 같은 동인제 극단들이 갖고 있는 문제, 즉 연기자 중심으로 구성된 단원들에게 개런티 대신 동인으로서의 헌신을 요구하는 시스템은 단원들이 TV나 영화로 빠지는 것을 막을 수 없었고 김성옥 역시 예외일 수는 없었다.

　김성옥은 대학을 졸업한 이후에도 대학극회의 선후배 합동 공연에도

25　유용환, 앞의 책, 42쪽.

빠지지 않고 참여했다. 1965년 고대극회는 선후배 합동 공연을 준비, 셰익스피어의 〈리처드 3세〉를 국립극장 무대에 올렸다.

4. 대학 졸업과 드라마센터 입단

극단의 이합집산이 시기적으로 구분되지 않고 스위치되고 있기 때문에 김성옥의 실험극장과 산하의 활동 그리고 드라마센터 입단 등이 명확하게 나뉘지는 않는다.

유치진은 1962년 4월 드라마센터 개관을 앞두고 단원들을 영입했는데 1961년 11월 기존의 신협 단원들 이외에 대학극 출신의 신입 단원 10명 최상현, 김성옥, 나영세, 여운계, 유길촌, 김동훈, 오현경, 이낙훈, 권영주, 김성원 등을 공채 형식으로 선발했다.

독실한 가톨릭 집안 출신으로 촉망받는 학생이었던 김성옥은 오스트리아 수녀원 후원의 장학생으로 선발되어 대학 졸업 후 오스트리아 유학을 준비하고 있었다. 그때 미국 연극계의 시찰을 마치고 돌아와 극장을 짓고 있었던 유치진이 드라마센터에서 연극을 하면 후일 미국 샌프란시스코로 유학을 보내주겠다며 오라고 하였다. 이에 무대에 미련이 있었던 김성옥은 오스트리아 유학을 포기하고 유치진의 권유를 받아들였다[26]고 한다. 그와 같은 대학극 출신들의 드라마센터 입단은 "대학극

---

26 김성옥과의 대담, 2021년 10월 6일.

출신들이 월급을 받으며 연극을 하는 기성 연극계로 진출하는 계기"[27]
가 되었다.

1960년대 한국 연극계는 기존 연극에 반기를 들고 다른 새로운 연극
을 모색했던 실험극장과 같은 동인제 극단들의 활동과 극장이 부재했
던 시대에 연극 전용 극장 드라마센터의 건립이라는 두 가지 이슈가 있
었다. 김성옥은 동인제 극단과 드라마센터라는 두 가지 이슈에 깊은 연
관을 갖고 있었으며 핵심멤버로 활동했다.

김성옥의 드라마센터에서 연극 활동은 1962년 드라마센터 개관 기념
공연에 참가하면서부터 시작되었다. 1962년 4월 12일 유치진 연출로
드라마센터 1회 공연 〈햄릿트〉가 개막했다. 신협 멤버들이 이 공연에
서 주축을 이루었고 대학극 출신들인 김성옥, 김동훈, 오현주, 권영주,
김성원, 나영세 등의 신예 멤버들이 함께했다. 이 공연에 대한 평가는
비교적 호의적이었다. 〈햄릿트〉의 공연에 대해 1962년 4월 18일자
『경향신문』은 제목에서 '지성이 결정(結晶)된 무대' 라며 "김동훈, 김성옥
은 좋은 콤비로 연극 전체에 풍성한 맛을 더했"다는 평을 했다.

> …풍만한 연기력의 콤비 김성옥 · 김동훈 군
> 두 사람 다 실험극장 출신―대학극의 호프였던 이들은 연극에 살고
> 연극에 죽겠다는 확고한 신념의 소유자―수년래 호주머니 돈을 모아
> 소극장 운동을 해온 의욕적인 연극학도로서 이들의 장래에 우리 연극
> 계의 개화를 기약할 수 있다.

---

27 양윤석, 앞의 책, 185쪽.

김성옥 군(27)은 고대 사학과 출신, 학교 시절 연극부장을 지냈다. 김동훈 군(23)은 서울대 미학과 출신—이번 〈해믈리트〉에서 그들의 역할은 늘 함께 붙어 다니는 로젠크렌스와 길덴스텐, 단역이라고도 할 수 있는 가벼운 역할이지만 그들은 치밀한 연기 플랜에 의해 신묘하리만큼 호흡과 각도를 한 몸처럼 융화시켰다. 그럼으로써 연극 전체에 풍만한 맛을 더하게 했다고 선배 연극인들은 칭찬을 아끼지 않는다.

"무대는 우리의 삶터입니다. 예술 가운데서도 연극은 정신과 더불어 육신으로서 적극적으로 참여하는 것이기 때문에 더욱 허위 없는 참된 맛을 느낍니다. 어느 나라의 예를 보아도 연극운동이 활발할수록 문화 수준이 높다는 것을 알았습니다. 우리는 드라마센터에서 평생을 몸바칠 각오입니다"라는 그들의 신념은 굳기만 했다.[28]

오필리어 역을 맡은 권영주와 오현주, 레어티즈 역의 김성원과 함께 신인 다섯 명의 배우에 대한 기사다. 여기에서도 확인되듯 김성옥과 김동훈은 드라마센터에서의 연극 활동에 큰 기대를 갖고 있었고 드라마센터에서의 활동에 대한 각오 또한 대단했다. 김성옥은 역할의 경중에 관계없이 자신이 맡은 역할에 대해서는 언제나 최선을 다하는 배우였다.

의욕적으로 드라마센터에서 연극 활동을 시작한 김성옥은 창단 공연에 이어 8월에는 드라마센터 3회 공연 〈포기와 베스〉(유치진 연출)와 4회 〈한강은 흐른다〉(유치진 연출), 11월의 5회 공연 〈세일즈맨의 죽음〉(이기하 연출)에 출연했지만 월급을 받지 못했다. 월급을 받으면서 연극을 할 줄

---

28 「해믈리트의 다섯 별」, 『경향신문』, 1962년 5월 3일.

알았는데 현실은 그렇지 못했다.

유치진은 연중무휴의 공연장을 표방하고 원대한 포부를 갖고 출발한 드라마센터가 침체한 한국 연극계에 활력을 불어넣을 것이라는 기대를 갖고 있었지만 처음부터 관객 동원에 실패하면서 계속 적자를 보고 있었다. 그렇기 때문에 유치진은 그 약속을 지킬 수가 없었다. 유치진은 드라마센터 재정 위기를 극복하기 위해 부대사업을 펼치는 등 다각적인 노력을 했지만 쉽지 않았다.

부대사업 중 하나로 제1회 전국남녀중고등학교 연극 콩쿠르를 개최하면서 참가를 희망한 6개 학교에 드라마센터 단원들을 연출로 보냈다. 김성옥도 풍문여고로 지도를 나갔는데 유치진은 단원들에게 월급을 줄 수 없었기 때문에 단원들에게 고등학교 연극반의 연출 지도를 맡겨 약간의 경제적 도움을 주려고 했었던 것이다.[29]

> 드라마센터는 공연활동을 계속하면서 장기적 안목을 갖고 부대사업을 펴 나갔다. 그러나 적자 재정으로 공연활동을 지속해 나갈 수가 없었다. 그리하여 1년도 지속을 못하고 1963년 1월에 막을 내리는 수밖에 없었다. 그동안 6개의 작품에 총 공연횟수 232회, 동원관객 수 7만 여 명을 기록하고 자체 공연을 중단하고 만 것이다.[30]

---

29 손숙이 인터뷰에서 "드라마센터에서 이분들 생활을 책임지지 못하니까, 궁여지책으로 전국 고교 연극대회를 만들어서 드라마센터 배우들을 연출로 보낸 거야. 고등학교에 가서 연출 지도해주고 용돈 벌어 쓰게 했지."라고 말했다. 이윤택, 「'연기 메소드'를 찾아서」, 『한국연극』, 2015년 6월호, 42쪽.

30 유민영, 『한국극장사』, 한길사, 1982, 236쪽.

드라마센터가 1년도 못 하고 공연 활동을 중단한 데는 연기자들의 이탈 문제가 있었다. 김성옥도 이후 장민호가 단장으로 있었던 국립극단으로 옮겨갔다. 유치진에게 월급 문제를 꺼냈지만 도리어 꾸지람만 듣고 현실적인 문제를 해결해주지 않았기 때문이었다.[31] 경제적 문제 때문에 이 무렵 신진 연기자들이 새로 생긴 KBS TV로 대거 이동하는 일이 있었다. 1962년 김성옥도 KBS TV 개국 때부터 TV 드라마에 출연하기 시작했다. 현실적으로 동인제 극단의 연극인들은 연극작업으로 생계를 해결할 수 없었기 때문에 방송국으로 이동[32]할 수밖에 없었다.

5. 극단 산하 입단

산하는 1960년대 동인제 극단의 유행 속에서 독특한 색채를 갖고 있었던 극단으로 "연극은 대중과 함께 있어야 하고 대중을 위해 있어야 한다"는 것을 목표로 1963년 9월 28일 발족하였다.

차범석은 아마추어리즘으로 출발했던 제작극회가 후반기로 접어들면서 동인들의 독선과 아집으로 극단의 이미지가 나빠지고 "동인제의

---

31 김성옥과의 대담, 2021년 10월 6일.
32 "가난하게만 살아온 연극인들에게 TV 세계는 이를테면 미국의 골드러시 시대의 서부와도 같았다." 라는 차범석의 말은 연기자든 연출자든 TV에 의존할 수밖에 없었던 당시 연극계의 현실을 보여준다. 차범석, 앞의 글, 285쪽.

순수한 사명감이나 의무감이 무너지"[33]는 상황을 마주하면서 김유성과 함께 연극의 대중성을 추구를 목표로 "당시 동인제 극단원들 중 장래성 있는, 또 순수하면서도 아마추어 경지에서 벗어난 연극인들을 다양하게 규합하여"[34] 산하를 창단하였다.

당시 차범석은 산하 창단을 위해 은밀하게 단원들을 모으고 있었다.

> 어느 날 생각지도 않게 젊은 연극인이 방송국으로 찾아왔다. 이기하, 김성옥, 이순재 세 사람이었다. 모두가 나의 후배이자 제자이며 극단 실험극장에 소속된 만만찮은 친구들이었다. 나는 중국집으로 자리를 옮겼다. 방송국 중간 간부인 내가 점심을 사면 샀지 빈 털털이인 그들에게는 기댈 수는 없었다. 독한 고량주 몇 잔이 들어가자 그들은 말문을 열어놓기 시작했다.
> "선생님, 우리 극단 하나 만들어요!"
> "극단? 실험극장은 어떻게 하고?"
> "실험극장도 이제 한물 갔어요."
> "그러니 선생님도 제작극회에서 탈퇴하시죠! 예? 우리 몇몇 젊은이들과 새로 극단 만듭시다!"[35]

김성옥은 적극적으로 산하의 창단에 참여하였고, 제1회 공연 〈잉여

---

33 전성희 편, 『차범석 전집 11 – 자서전/수필 외』, 태학사, 2019, 200쪽. 차범석은 그의 자서전에서 김성옥 등의 제안으로 산하를 창단했다고 하지만 김성옥은 2021년 10월 6일 대담에서 차범석이 먼저 제안했다고 했다.

34 김성희, 앞의 글, 152쪽.

35 전성희 편, 앞의 책, 207쪽.

인간〉(손창섭 원작, 임희재 각색, 이기하 연출)이 국립극장 무대에 올랐다. 1963년 11월 4일 경향신문에서 "강효실, 김성옥, 오현경 등 실력파 연기자에다 남성우, 천선녀, 유병희, 김소원, 구민, 전운, 이순재, 주상현 등 인기 성우를 대거 등용하고 꼬마 스타 안성기를 출연시키고 있는 것도 하나의 상업적 시도"라며 김성옥을 실력파 연기자로 꼽았는데 이 무렵 김성옥은 유망한 연기자로 주목을 받고 있었다.[36]

"양공주의 아버지 역할 김성옥 '약간 오버감이 있지만 〈세일즈맨의 죽음〉 이래의 호연'. 산하는 이 공연을 통해 각색극의 가능성을 보여주었으며 대중 속에 파고드는 본격극을 제시"[37]하였다는 평가를 받았다. 극 전체에 대한 평가와 아울러 김성옥에 대한 평가는『동아일보』에도 실렸는데 "신협의 연극과 실험극의 중간에 자리하고 있으며 … 채익준 역의 김성옥은 열연이었으나 힘의 콘트롤이 없었던 것이 흠"[38]이라는 것이다. 이런 평가로 미루어 보았을 때 전반적으로 당시 김성옥의 연기는 오버액션의 감이 있었던 듯하다.

산하는 1회 공연이 호평을 받자 이에 고무된 동인들은 1964년 2회 공연으로 차범석 작 〈청기와 집〉을 준비, 3월 27일부터 3월 31일까지 이원경 연출로 국립극장에서 상연하였다. 제1회 동아연극상 참가작품이

---

36 1963년 1월 4일자『동아일보』'새해 첫 꿈' 란에 연예 각계의 얼굴들의 새해 꾼 첫 꿈을 소개했는데 영화에서는 신성일, 연극에서는 김성옥이었다. "지난해 가장 화려하게 각광 받은 신인"들이었다.

37 「대중 속에 파고드는 본격극 제시」,『조선일보』, 1963년 11월 19일.

38 「대중을 위한 중간극」,『동아일보』, 1963년 11월 19일.

146 | 배우와 연기를 보는 여섯 개의 시선

었고 당시 동아방송에서 공연실황을 중계할 만큼 대중의 관심이 컸다.

> 바보이면서도 한에 맺힌 학대 받은 식모 겸 첩으로서 마지막 아들에
> 게까지 배신당하여 실의의 넋을 이메지하는 천선녀의 이번 연기는 단
> 연 각광을 받고 남으며 젊은 과수의 애절한 표정을 유니크하게 뿜어낸
> 강효실도 호연.
> 청기와집 주인 하 영감의 이순재 역시 침착한 연기였으며 이 집의
> 장자인 김성옥도 호연. 그러나 지주의 몰락상태보다도 몰락 이후의 세
> 대들에게 극적 초점을 두었으면 했다."[39]

이 공연으로 천선녀는 동아연극상 연기상을 받았다. 김성옥은 주인
공은 아니었지만 이번에도 산하의 공연에 적극적으로 참여했다.

1964년 4월 22일부터 셰익스피어 탄생 400주년을 기념해 6개 극단(국
립극단, 신협, 민중극장, 실험극장, 동인극장, 산하)이 연속적으로 연극 공연과
부대행사를 개최하였는데, 김성옥은 국립극단의 〈베니스의 상인〉에 출
연하면서 산하의 공연 〈말괄량이 길들이기〉에도 교사로 출연, 호평을
받았다.

> 이번 공연의 캐스트를 보면 〈한강은 흐른다〉에서 명연기를 보여준
> 강효실 양과 독특한 성격의 소유자로서 무대의 각광을 받고 있는 김금
> 지 양이 성격이 억센 캐더리나 역을 맡고 그 성격을 누르는 페투르키오
> 역에는 〈잉여인간〉의 이순재가 맡고 있습니다. 그리고 〈껍질이 째지는

---

39 「밀도 약한 구성 - 극단 산하 공연 〈청기와집〉」『조선일보』, 1964년 4월 3일.

아픔 없이는〉에서 주역을 맡아 실력을 보여준 최영한(배프티스터 역), 〈오델로〉에서 샤일로크로 유명한 김성옥(교사 역),[40] 특이한 성대를 지닌 성우 주상현(빈센쇼 역), 〈산(山)여인〉에서 주역을 맡은 전 운(트래니오 역), 〈잉여인간〉의 구민(호텐쇼 역), 〈청기와집〉의 백수련(비앤커 역) 〈결혼중매〉의 김희자(비온델로 역), 〈청기와집〉의 강부자(미망인 역) 등으로 강력한 배연기진(配演技陣)을 이루고 있습니다.[41]

김성옥은 국립극단에서 단원으로 활동하면서도 자신이 소속되어 있는 산하의 동인으로서 산하의 공연에도 빠지지 않는 등 열의와 성실성을 보여주었다.

1965년 산하의 제4회 공연 〈천사여, 고향을 보라〉(토머스 울프 원작, 케티 프링스 각색, 표재순 연출)가 국립극장에서 11월 30일부터 12월 3일까지 있었다. 제2회 동아연극상 참가작이었던 〈천사여, 고향을 보라〉에서 남자 주인공 켄트 역의 김성옥은 주연남우상을 수상했다. 당시 그의 연기는 매스컴과 평단, 대중의 관심이 되었고 수상에 이르렀다. 〈천사여, 고향을 보라〉는 토머스 울프의 자전적 소설을 케티 프링스가 각색한 것으로, 유진 역에 이순재, 주부 엘리자에 천선녀, 남편 켄트에 김성옥이 출연하였다.

---

40 김성옥의 배역을 〈오델로〉에서 샤일로크로 기록하고 있으나 〈베니스의 상인〉의 샤일로크의 착오이다.

41 「셰익스피어 탄생 4백주년 기념 공연 극단 산하 〈말괄량이 길들이기〉 5.19.~5.23. 국립극장 차범석 연출」, 『조선일보』, 1964년 5월 19일.

고대 사학과 재학 시절에 이미 대학극에 여러 차례 출연, 장래를 촉망받은 그는 졸업과 함께 실험극장 창립동인으로 활약했다. 이어 드라마센터, 국립극단, 산하 등으로 전전하면서 점점 완숙한 연기를 지니기 시작했다.

수상 소식이 "하도 의외여서 꼭 벌서는 기분" 같다는 그는 올해 31세.

〈다리에서의 조망〉, 〈베니스의 상인〉, 〈만선〉, 〈청기와집〉, 〈세일즈맨의 죽음〉, 〈천사여 고향을 보라〉 등 다수.[42]

연달아 동아연극상을 수상한 산하는 야심차게 다음 작품으로 차범석 작 〈열대어〉를 표재순 연출로 국립극장 무대에 올렸는데 김성옥 역시 이번 무대에도 박덕성의 역할로 출연했다. 이어 산하의 6회 공연으로 〈베케트〉에 참가하였고 그의 연기에 대해 극찬이 이어지면서 열연하는 배우라는 극찬을 받았고 극단은 흥행에도 성공을 거두었다. 이러한 연극의 상업적 성공과 자신의 연기력에 대한 인정으로 김성옥은 배우로서 연기에 대한 자신감이 생겼다.

극단 산하가 지난 12일(7일부터 국립극장)로 끝난 제6회 공연 〈베케트〉(장 아누이 원작, 표재순 연출)에서 6천 5백 명의 관객을 동원했다. …

〈베케트〉는 12세기 영국을 배경으로 정복자 노르만인 헨리 2세(김성옥)와 피정복자 앵글로 색슨인 토머스 베케트(헨리 2세의 심복이다가 나중에 대주교가 된다)의 갈등을 그린 작품인데 김성옥이 열연을

---

42 「의외여서 꼭 벌서는 느낌, 주연 남우상 김성옥」, 『동아일보』, 1966년 1월 6일.

했다.[43]

〈베케트〉의 공연은 당시 연극으로서는 드물게 암표까지 등장하는 등 흥행에 성공했을 뿐만 아니라 연극에 대한 대중의 관심도 높아지는 계기가 되었다.

산하의 궁극적 목표는 연극의 대중화와 직업화였다. 동인제 극단의 한계를 극복하려는 의지를 표방한 것으로 연극의 대중화는 세부 목표를 첫째 창작극의 활성화, 둘째 연극 관객의 저변 확대를 위한 지방공연, 셋째 새로운 관객 육성과 신인 양성으로 삼았다. 실험극장과 드라마센터에서의 경험은 김성옥으로 하여금 직업으로서의 연극을 지향하게 했고 그것이 산하에서 적극적으로 활동하는 이유가 되었을 것이다.

극단 산하에서 김성옥은 번역극이든 창작극이든 열심히 참여하여 자신의 연기 스타일대로 캐릭터의 철저한 심리 분석 뒤에 열정적인 연기를 통해 자신의 배우로서의 입지를 단단히 굳혔다.

6. 국립극단에서의 활동

1963년 11월 국립극장 전속극단이 개편되면서 1년 계약으로 10명을 위촉하였는데 "남자 연기자는 모두가 재야 실험연구단체 있던 신예 연

---

43 『조선일보』, 1966년 9월 15일.

극인"[44]들로 선발했고 그중에 김성옥도 있었다. 당시 공무원 월급이 7,8천 원이었는데 국립극단 단원들의 월급은 만 원, 만천 원 정도였다고 한다. 국립극단 단원으로서 월급을 받으며 연기를 하면서 김성옥의 연기는 발전적으로 안정되었다. 입단하자마자 그는 12월에 있을 국립극장의 손튼 와일더 작 〈중매인〉에 캐스팅되면서 김성옥의 국립극단 시대가 열렸다.

그해 12월 무대에 올린 34회 공연 〈중매인〉은 실험극장과 산하에서 함께했던 이기하가 연출을 맡아 한국 초연의 작품임에도 드물게 성공했다. "이 공연의 공은 지루하지 않게 이끌어 간 연출과 고르게 잘한 연기진과 거의 일품이라 할 수 있는 장종선의 장치에 있었다. 김동원, 김성옥, 조희자, 김순철 등 새로운 연기자들의 호연이 알맞은 레퍼토리와 공연 조건을 만나 빚어낸 성과"[45]라며 극찬을 했다.

이어 35회 공연 〈욕망〉이 최현민 연출로 1964년 3월 1일부터 10일까지 열흘 동안 국립극장 무대에서 있었는데 이 공연에 김성옥도 출연했다.

1964년은 셰익스피어가 탄생한 지 400년이 되는 해였기 때문에 대대적인 셰익스피어 공연을 마련, 36회 공연으로 〈베니스의 상인〉을 이진

---

44 『경향신문』, 1963년 11월 30일. 최명수(민중), 김동훈(실험), 김인태(동인), 김성옥(산하), 김순철(동인), 최상현(제작) 등으로 동인제 극단에서 활동하던 이들이 국립극단의 정식단원이 되었다. 이것은 동인제 극단 출신 연기자들의 능력이 연극계에서 인정받은 것으로 평가할 수 있다.

45 한상철, 「초창기 번역극 무대」, 『국립극단 50년사』, 연극과인간, 2000, 134쪽.

〈베니스의 상인〉

순 연출의 무대로 꾸몄다. 국립극단에서 공연된 최초의 셰익스피어였
는데 이 공연에서 김성옥은 샤일록을 연기해 변기종 선생으로부터 "넌
100년에 한 번 나올까 말까 한 배우"라는 극찬을 들었다. "백성희는 샤
일록의 연기도 훌륭하다고 평가했다. 김성옥이 샤일록을 맡았는데, 그
는 성실하게 맡은 인물을 분석했다. 그때가 그의 전성기였고, 한국 연
극을 짊어질 인재로 각광받던 시절이었다."[46]는 글에서 알 수 있듯 김성
옥의 인물 분석에 대한 성실성은 자타가 인정할 수밖에 없었다.

"…모두가 열연인 연기진은 〈욕망〉 공연 때에 싹튼 새로운 앙상블을
충분히 구축하여 미더웠는데 바사니오 역의 최상현이 적역을 얻어 호
연이었고 백성희의 포샤 역과 김성옥의 샤일록이 인상적이었다. 다만
김성옥의 경우 열연 속에 그의 연기 생활 중 최량의 성과를 거두었으나

---

46   김남석, 『배우의 거울』, 연극과인간, 2004, 140쪽.

여유가 부족하여 때로 신경질적인 샤일록이 된 것이 아쉬웠다."[47]고 했지만 "포오셔의 따끔한 어투와 샤일록의 복잡한 심기가 얽힌 재판 장면"[48]은 기억에 남는 명장면으로 회자된다. 〈베니스의 상인〉 출연자들의 연기에 대해 전반적으로 좋은 평가를 내렸지만[49] 김성옥의 샤일록 연기에 대해서는 호불호가 있었다.

이어 37회 공연 천승세 작 최현민 연출의 〈만선〉(국립극장 현상공모작)에 백성희는 구포댁으로 김성옥은 곰치로 출연했다. 김성옥은 당시 본인이 연기했던 곰치 역에 대해 "인간 곰치가 아니라 나는 곰치 자체였어"[50]라고 회고했는데, 〈만선〉 공연에 대해 오화섭은 다음과 같이 평했다.

> 연기진의 앙상블도 짜여 있고 대사를 완전히 마스터한 데다 좋은 장치(장종선)의 도움을 받아 근래에 보기 드문 성과를 거두었다. 각 배역들은 맡은 바 인물을 성실하게 해냈으며 백성희, 나옥주 씨를 위시하여 신인 김금지, 김인태, 김순철, 박근영 등 호연을 보여주었으며 곰치 역의 김성옥은 이제 당당한 배우가 되었다. 전체를 통하여 호남 사투리가

---

47 「셰익스피어축전 전반조 결산―침체한 극단에 새바람 일으켜 국립극단 〈베니스의 상인〉」, 『경향신문』, 1964년 5월 7일.

48 김남석, 앞의 책, 141쪽.

49 "국립극장의 〈베니스의 상인〉은 (…) 본격적인 무대와 의상, 탐욕스런 김성옥의 연기, 냉철한 백성희의 연기로 매우 훌륭한 무대를 창출하며 기억에 남을 만한 공연." 유용환, 앞의 책, 171쪽.

50 김성옥과의 대담, 2022년 7월 22일.

통일되지 않아 그 독특한 맛이 감소되었음은 유감이다.[51]

국립극장서 공연한 〈만선(滿船)〉은 이러한 작가와 연출의 차점(差點)이 불안과 절망에 지친 구포댁의 무궁한 모성애와 뭍(육지)으로의 향망(向望)을 그린 휴머니티로 조화되면서 전라도 사투리가 풍기는 정감 같은 뉘앙스가 가미되어 생명력을 이루고 있다. 어부(漁婦) 구포 댁의 백성희는 정수의 경지를 가는 듯했고 곰치 역의 김성옥도 〈세일즈맨의 죽음〉 이래의 열연.[52]

김성옥은 국립극단의 36, 37회 공연에서 연기자로서의 입지를 완전히 굳히고 촉망받는 연기자로 자리 잡았다. (김성옥은 1974년 은퇴 이후 1997년 연극무대로 복귀할 때 다시 〈만선〉의 곰치 역할을 맡았다.[53])

그 여세로 9월 28일부터 있었던 38회 공연 〈순교자〉에서도 주인공 역할을 맡았다. 김은국의 소설을 김기팔이 각색하고 허규가 연출을 맡아 의욕적으로 무대에 올렸다. 오화섭으로부터 긍정적인 평가를 받기도 했는데 이 작품에서 "살아 있는 순교자 신 목사(나영세)가 대표하는 '안에 있는 사람'과 이 대위(김성옥)가 대표하는 '밖에 있는 사람'의 갈등이 잘 나타나 있으며 현실적 진실을 추구하는 이 대위가 신앙적 진실을 실천하는 신 목사를 이해하는 과정도 수긍이 된다."[54]고 했지만 임영웅

---

51 『동아일보』, 1974년 7월 7일.
52 「환상과 집요와 절망과… 만선 국립극장 공연」, 『조선일보』, 1964년 7월 8일.
53 「김성옥 33년 만의 〈만선(滿船)〉 무대 컴백」, 『경향신문』, 1997년 10월 22일.
54 「세 가지 진실 구현－국립극단 〈순교자〉」, 『동아일보』, 1964년 10월 1일.

은 〈순교자〉의 김성옥의 연기에 대해 "모두가 열연인 연기진은 어딘지 생경한 느낌이 드는데 신 목사 역의 나영세는 야릇한 억양이 걸리는 대로 후반의 노력이 인상적이었고 나레이터를 겸한 이 대위 역의 김성옥은 성격을 잘못 해석해서 공전하는 느낌"[55]이라며 엇갈린 평가를 했다.

어쨌든 그 당시 김성옥은 연기자로서 상당히 주목을 받고 있었고 특히 1964년 국립극단에서의 활약이 컸던 김성옥은 김인걸, 여석기, 오화섭, 이기하, 이진순, 차범석, 허규 등이 추천,『조선일보』가 선정한 '64년을 보내며 한 해 동안 문화에 크게 이바지한 빛나는 얼굴'이었다.

> 우선 극단에서 가장 인상 깊은 액션과 성장을 보여준 NO.1은 김성옥 군(29)
> "연기의 폭이 넓어 극 중의 개성과 인물을 창조해내는데 샤프하다는 평을 받은 그는 미남 배우는 아니지만 무슨 역이든 할 수 있다."는 강점을 지녔다고들 중론이 일치하고 있다.
> 올해에 선 무대 중 호평의 첫 손가락으로 꼽힌 것은 〈베니스의 상인〉(국립극단)의 '샤이록' 역과 역시 국립극단 〈만선〉의 곰치 역, 키는 170센티이고 몸무게는 67킬로. 무녀독남인 총각 김 군은 고대 사학과 1학년 때부터 연극에 미쳤다. 작년 12월 국립극단에 입단 "연극을 실무로보다 학문으로 더 깊이 캐보고 싶다"는 그는 무대와 해로할 작정이라고…[56]

55 「영광스런 실패─국립극장의 〈순교자〉」,『경향신문』, 1964년 10월 10일.
56 「폭이 넓은 김성옥 군」,『조선일보』, 1964년 12월 10일.

앞서 산하의 〈천사여, 고향을 보라〉에서 언급했지만 제2회 동아연극상 주연남우상을 수상하는 영광까지 누리면서 1964년은 배우 김성옥의 시간이었다. "중고 시절 철학에 심취해 인간과 신의 존재에 대해서 깊게 고민을 하고 책을 읽기도 했"[57]고 수상에 연연하지 않았던 김성옥은 누구보다도 진지하게 연기하는 배우로 입지를 굳혔다.

이후 잠시 국립극단에서의 활동이 소강 상태를 보이는데 이 시기에 김성옥은 산하의 공연에서 활발한 활동을 벌여 동아연극상 남우주연상을 수상하고 TBC-TV 전속 탤런트로 KBS와 TBC의 드라마에 빈번하게 출연했다.

국립극단의 46회 공연 1967년 1월 31일부터 2월 6일까지 안톤 체호프의 〈세 자매〉(이해랑 연출), 47회 공연 1967년 3월 1일부터 3월 7일까지 국립극장 현상공모 당선작 전진호의 〈밤과 같이 높은 벽〉(허규 연출), 48회 공연 1967년 10월 3일부터 10월 9일까지 로버트 볼트의 〈사계절의 사나이〉(이기하 연출), 50회 공연 1968년 3월 1일부터 7일까지 안수길의 소설을 신명순이 각색한 〈북간도〉(이해랑 연출), 51회 1968년 5월 22일부터 28일까지 국립극장 현상공모작 오태석의 〈환절기〉(임영웅 연출) 등에도 출연했다. 아마도 〈환절기〉 공연에서 연출가 임영웅을 만나면서 이후의 극단 산울림과의 연극 행보가 시작되었다고 할 수 있을 것이다.

57　김경완, 앞의 글, 193쪽.

〈고도를 기다리며〉를 소개한 신문기사(극단/소극장 산울림 제공)

7. 극단 산울림과 〈고도를 기다리며〉

김성옥의 연기 생활에서 후일에 두고두고 회자되는 공연 〈고도를 기다리며〉의 출연은 극단 산울림을 창단하기 전 국립극장에서 〈환절기〉의 공연에서부터 그 인연이 시작되었다. 평소 김성옥의 연기를 눈여겨 보던 신문기자 출신 연출가 임영웅의 제안에서 비롯되었다.

이병복이 카페 떼아뜨르를 오픈하면서 소극장에 어울릴 만한 공연을 임영웅에게 부탁했다. 임영웅은 해럴드 핀터의 부조리극 〈덤웨이터(살인청부업자)〉의 공연을 준비했고 김성옥은 함현진과 함께 출연했다.(1969년 6월 5일) 그러나 이 공연은 김성옥의 생각만큼 흡족한 공연이 되지 않았다. 그래서 김성옥은 이 공연으로 엄청난 스트레스를 받았는데 이것은 당시 연극계에서는 부조리극이 낯설었고 그에 따른 연기 방식을 이해하지 못해서 생긴 것이었을 것이다. 당시 "김동원, 이해랑 선생의 연

〈고도를 기다리며〉(극단/소극장 산울림 제공)

기는 상상력을 구사하여 창조한 연기여서 아무리 극적인 클라이맥스에 이르더라도 흥분하지 않고 오히려 냉철하고 치밀하게 창조된 연기를 하셨"[58]고 그 당시만 해도 연기에 대한 체계적인 방법론보다는 문학적 해석이 중요했고 사실주의적 연기가 주류를 이루고 있었기 때문에 부조리극에서 배우가 어떻게 움직여야 하는지를 알지 못했다. 희곡 텍스트를 받으면 인물에 대해 치밀하게 분석하고 내면의 심리 상태에 대한 이해를 바탕으로 연기 플랜을 세웠던 그로서 부조리극에서의 연기는 쉽지 않았을 것이다. 부조리와 실존주의 철학에 대한 이해와는 별개로.(〈덤웨이터〉는 1972년 10월 카페 떼아트르에서 임영웅 연출, 김성옥, 함현진 출연으로 다시 공연되기도 했다.)

그러나 실제 공연에 대해 정작 벤 역의 김성옥은 "광적, 남성적이어서 남성적 강렬한 연기를 보여준다"는 호평에도 불구하고 자신의 연기

---

58 주동운, 「연출되지 않은 무대 밖의 눈물」, 『金東圓 藝에 살다』(김동원 희수 기념집)」, 233쪽.

에 대해 무척 화가 났다고 회고했다.[59] 그때 임영웅이 김성옥에게 제안을 했는데 〈덤웨이터〉 작가 해럴드 핀터의 부조리연극을 공연해봤으니 핀터의 스승 격인 베케트의 〈고도를 기다리며〉 공연을 함현진과 함께 해보자는 것이었다. 당시 김성옥은 "뛰어난 연기력을 보여주던" 배우로서 임영웅의 연출 스타일에 부합하는 배우였고 함현진은 "주목받는 신예"[60]였다.

〈고도를 기다리며〉 김성옥 프로필
(극단/소극장 산울림 제공)

임영웅은 이미 1959년에 화제작으로 〈고도를 기다리며〉를 읽어보기는 했지만 당시에는 이런 스타일의 희곡에 놀라 당황했다고 한다. 10년 후에 공연을 위해 다시 읽어보면서 작품의 의미를 새롭게 깨달을 수 있었지만 사실주의가 주류를 이루고 있었던 연극 현실에서 부조리극을 무대에 올리는 일은 쉬운 일이 아니었다. 그런데도 한국일보 소극장에서 개관기념 공연을 제안받은 임영웅은 1969년 12월 17일부터 23일까지 〈고도를 기다리며〉를 무대에 올려 당시 평단과 관객의 놀라운 평가와 반응을 이끌어냈다. 당시의 배우들이 "연기에 대한 어떤 체계적인 방법론이 없"었고 "오히려 문학적 해석을 중요하게 생각"하였다. "오화

---

59 김성옥과의 대담, 2021년 7월 18일.

60 이은경, 「극단 산울림 초기 공연 활동과 연극사적 의미」, 이진아·이은경, 『한국 소극장 연극의 신화—소극장 산울림 30년사』, 레터프레스, 2015, 13쪽.

섭 선생님, 여석기 선생님의 영향을 많이 받았지. …그리고 이해랑 선생님의 연기를 보고 배운" 것인데 이해랑은 쓰키지소극장 스타일의 연기를 하다가 미국 연수를 가서 본 연극 〈밤으로의 긴 여로〉를 보고 "미국의 새로운 사실주의적인 연기"[61]를 도입, 〈밤으로의 긴 여로〉 아버지의 역할로 출연하면서 연출을 했다. 이윤택과의 대담에서 손숙이 이해랑의 연출기법에 대해 "'내면'이야, 내면. 크게 소리내는 걸 굉장히 싫어하셨어. 그러니까 '호흡'을 굉장히 중요하게 생각하셨어. …호흡, 전달, 분명한 대사법"이 핵심을 이룬다는 것을 이야기했다. 김성옥은 늘 열정적인 연기, 광적인 배우로 불리는 것으로 보면 이해랑의 연출관과는 조금 거리가 있었다.

손숙이 김성옥에게서 "작품 분석하는 거를 배운 거 같아요. 김성옥 씨는 연구하는 배우였어. …김성옥 씨는 대본에 그래프를 그려. 알레그로, 안단테, 클라이맥스… 그 정도로 작품을 분석하는 분이셨지."[62]라고 회고한 데서도 드러나듯 그가 배우로서 보여준 연극에 대한 열정과 노력은 대단했다.

"희극적 비극이라는 작품의 본질을 꿰뚫은 연출의 능력과 관객을 압도하는 배우들의 연기가 어우러져 초연임에도 관객의 열정적인 반응을 이끌어냈고, 그해 최대 성공작으로 평가"[63]를 받았다. 이 부분에서 "관

---

61 이윤택, 「'연기 메소드'를 찾아서」, 『한국연극』, 2015년 6월호, 43쪽.

62 위의 글, 44쪽

63 위의 글, 38쪽.

객을 압도하는 배우들의 연기"라는 말에 주목할 수 있는데 이 공연에서 블라디미르는 김성옥, 에스트라공은 함현진(포조는 김무생, 럭키는 김인태, 소년은 이재인)이 연기했다.

> 〈고도를 기다리며〉는 여러 가지 면에서 극도의 수준을 자랑할 만한 공연이었다. 연기자들, 그중에서도 김성옥, 함현진의 연기는 너무나 관객을 압도하고 말았고, '저렇게 할 수도 있는 것'하며, 우리 연기 자들의 잠재능력을 캐내지 못한 이제까지의 여건들이 원망스럽기까지 했다.[64]

"배우들의 잠재능력을 최대한으로 끌어내"[65]는 임영웅의 연출 스타일 은 혹독한 연습 과정이 필수적인데 거기에 극 중 역할에 대해 집요하게 파고드는 김성옥의 성격이 시너지 효과를 내면서 상대였던 함현진과의 연기 앙상블을 구축해낼 수 있었다. 특히 함현진이 감성적 연기로 관객 의 눈을 사로잡았던 배우라면 김성옥은 인물에 대한 이해와 분석 없이 는 무대에서 한 걸음도 움직이지 못할 만큼 연기 구축을 하는 치밀하게 하는 배우다. 두 배우의 이런 연기 스타일은 모자를 갖고 유희하는 블 라디미르와 구두를 갖고 놀이하는 에스트라공의 캐릭터에 딱 맞아떨어 지면서 연극의 완성도를 높일 수 있었다. 물론 배우들의 기질을 간파하 고 무대화시킨 연출의 능력 역시 〈고도를 기다리며〉의 성공에 중요한

---

64 김문환, 『서울신문』, 1969년 12월 27일.

65 이은경, 앞의 글, 41쪽.

역할을 했겠지만.

　　김성옥의 장점은 지성적인 연기에 있다. 그는 배역의 논리적인 측면을 파고들어 분석하는 기질이 있다. 배역을 맡으면 공부를 많이 했다. 서적을 뒤지고 심리 분석에 침잠한다. 작품에 그려놓은 것 이상을 찾은 이후에 작품에 임하곤 했다. 배우 중에서도 학구파로 통했다. 성량도 기본적으로 훌륭해서 배우로서의 장점을 많이 갖추고 있었다. 단 고음 처리가 잘 안되는 단점이 있었다. 고음으로 올라가면 뾰족한 목소리로 변하는 체질인데, 당시에도 이를 해소하기 위해 많은 노력을 했다고 한다.[66]

극단 산울림의 〈고도를 기다리며〉 공연의 성공에는 김성옥과 같은 학구적인 배우의 노력이 그 바탕에 있었다. 함현진은 공연을 앞두고 대사를 다 외우지 못해 이미 대사를 다 외운 상대역 김성옥 때문에 엄청난 스트레스를 받아 병원에 실려가기도 했다고 한다.(당시 김성옥은 이성적이고 지적인 배우, 함현진은 감성적 배우라는 평을 받았음)

〈고도를 기다리며〉 첫 공연은 극단 산울림이 아직 극단을 창단하기 전이었기 때문에 프로듀서 시스템[67]에 의해 이루어졌다. 임영웅은 극단

66　김남석, 앞의 책, 141쪽.

67　임영웅은 동인 시스템의 체제로 운영되는 것에 대해 회의적이었고 이제는 프로듀서 시스템으로 가야 한다고 생각하고 있었다. 그러나 공연을 준비하면서 행정적 편의를 위해 극단이 필요하다는 것을 깨닫고 극단 산울림을 창단했다. 김성옥은 극단 산울림 창단 멤버였다. "1969년 봄, 충무로에 카페 떼아트르가 극단 자유의 이병복 선생에 의해 개관될 때 나는 김성옥, 함현진과 함께 해롤드 핀

〈비쉬에서 일어난 일〉 프로그램(극단/소극장 산울림 제공)

산울림을 창단하면서 창단 공연으로 〈고도를 기다리며〉를 1970년 10월
3일부터 12일까지 다시 한국일보 소강당 무대에 올렸다. 이 공연으로
김성옥은 서울신문 주최 한국문화연기대상을 수상하였다. 김성옥은 산
울림의 창단동인으로 이후 돌연 무대를 떠날 때까지 산울림 공연에 열
심히 참여하였다.

터의 〈덤웨이터〉를 공연했다. 그런데 극단 산울림을 하기 이전이어서 공연단체
등록증이 없어 난처한 입장에 처해 당시 극단 신협의 대표이던 김동원 선생님을
찾아가 부탁을 드렸다. 그해 〈고도를 기다리며〉를 처음 공연할 때도 김 선생님
의 도움을 받았다." 임영웅, 「영원한 청춘」, 『金東圓 藝에 살다』(김동원 희수 기
념집), 225쪽.

「겨울 獅子들」

| 헨리2世 | 엘리노어王妃 | 王子리차드 |
| 金聲玉 | 金容琳 | 金茂生 |

〈겨울 사자들〉 프로그램(극단/소극장 산울림 제공)

1971년 2월 16일부터 23일까지 국립극장에서 산울림의 2회 공연 〈비쉬에서 일어난 일〉(아더 밀러 작, 임영웅 연출)에 출연하였고 제3회 공연 로보트 볼트의 〈꽃 피는 체리〉에서 짐 체리의 역할을 맡았던 김성옥은 "신체적인 면에 너무나 걸맞는 조건을 구비하고 있었"[68]고 연기에서 "김성옥, 함현진이 어느 정도의 수준을 유지하고 있"[69]어 좋은 무대를 만들어 냈다.

1971년 10월 21일부터 25일까지 국립극장에서 제4회 〈헨리 8세와 그

---

68 구희서, 『연극읽기(1970~1979)』, 메타, 1999, 330쪽.
69 위의 책, 93쪽.

의 여인들〉(헬만 그레시어커 작, 임영웅 연출)에 헨리 8세로 출연, "극중인물의 성격과는 동떨어진 내성적인 앉음새가 가벼운 저항을 느끼게 해주는 것 외에는 무대 위의 시간성을 잘 표현했고 대사의 정열적인 전달에 성공하고 있다"[70]는 평을 받았다. 김성옥은 대사의 전달에 뛰어난 배우였음을 보여주었다. 이 무대로 김성옥은 1972년 한국연극영화예술상(현 백상예술대상) 연기상을 수상하였다.

1972년 10월 20일부터 24일까지 국립극장에서 제6회 산울림 공연 〈겨울 사자들〉(제임스 골드맨 작, 임영웅 연출)에 헨리 2세로 출연, "간략하고 안정된 무대와 연기자들이 전해주는 구구절절이 옳은 말씀들이 좋은 연극을 대하는 기쁨을 주었다"[71]는 평가에 걸맞게 김성옥은 또다시 1973년 동아연극상 남우주연상을 수상했다.

1973년 5월 31일부터 6월 4일까지 국립극장에서 제7회 산울림의 〈고도를 기다리며〉가 세 번째 공연되었고 "3년 전부터 같은 역의 고도를 기다려온 김성옥과 함현진은 첫 무대의 정열과 익숙해진 기다림의 자세를 자신 있게 펼치고 있다."[72]는 리뷰에서도 확인되듯 〈고도를 기다리며〉는 반복된 공연으로 정제된 연극의 정수를 보여주었고 김성옥과 함현진에게는 배우로서 영예를 안겨준 연극이었다. 그리고 이 연극에 대한 관객과 평단의 반응은 여전히 뜨거웠다. 그러나 김성옥은 이 무대를

---

70 위의 책, 116쪽

71 위의 책, 177쪽.

72 위의 책, 204쪽.

끝으로 연극을 떠나 사업가로 변신했다.

8. 나오며

김성옥은 1956년 고려대학교 사학과에 입학, 대학극회에서 연극을
시작하여 1960년 실험극장의 창단 멤버로 한국 연극사에서 제작극회의
뒤를 이은 동인제 극단 시대를 열었다. 실험극장은 운영난을 타개하기
위해 실험극장과 민예의 이원체제로 극단을 운영하려 했지만 김성옥은
그것이 이상론에 불과하다는 것을 깨달았다.

그래서 김성옥은 1962년 KBS TV가 개국되면서 TV로 옮겨갔고 1963
년 극단 산하가 창단되자 산하의 동인으로 참여하였다. 산하의 창단으
로 실험극장 동인들의 이탈이 많아지자 김의경은 "비록 서로 이념이 달
라 다른 극단으로 이동을 하지만 정을 버릴 수는 없어 산하 창단 공연
전에 고별공연을 하자"며 실험극장 잔류파와 산하 이적파들을 더블 캐
스팅하여 〈안티고네〉(장 아누이 작, 허규 연출)를 제11회 실험극장 공연으
로 무대에 올렸다. 김성옥은 나영세와 함께 크레온 왕 역에 더블 캐스
팅되었는데 〈안티고네〉 이후 실험극장의 공연에서 빠졌다.

실험극장과 같은 동인제 극단들이 갖고 있는 문제, 즉 연기자 중심으
로 구성된 단원들에게 개런티 대신 동인으로서의 헌신을 요구하는 시
스템은 단원들이 TV나 영화로 이탈하는 것을 막을 수 없었고 김성옥
역시 예외일 수는 없었다.

실험극장을 탈퇴한 이후 김성옥은 오스트리아 유학도 포기하고 유치진의 권유로 드라마센터에 입단, 1962년 드라마센터 개관 공연 작품 〈햄플리트〉에 출연하였다. 이후 드라마센터 3회 〈포기와 베스〉, 4회 〈한강은 흐른다〉, 5회 〈세일즈맨의 죽음〉까지 네 번의 공연에 참여했지만 처음의 제안과 달리 월급제에 대한 유치진의 약속이 지켜지지 않았다. 〈세일즈맨의 죽음〉에서 로만의 역할로 연기에 인정을 받았음에도 불구하고 현실적인 문제로 드라마센터를 이탈할 수밖에 없었다.

그때 국립극단에서 최명수(민중), 김동훈(실험), 김인태(동인), 김성옥(산하), 김순철(동인), 최상현(제작) 등 동인제 극단에서 활동하던 이들에게 정식단원의 제안이 왔고 김성옥 등은 국립극단에 입단하였다.

국립극단에서 김성옥은 〈베니스의 상인〉 공연에서 샤일록의 배역을 맡아 변기종으로부터 "100년에 한 번 나올까 말까 한 배우"라는 극찬을 들었다. 이후 국립극단의 중추적인 배우로 〈만선〉의 곰치 역할로 1964년 또 한 번의 호평을 받았다. 1964년은 배우로서 김성옥에게 영광스러운 해였다.

김성옥이 대학을 졸업할 무렵 철학적으로 부조리가 유행을 했고 그래서 부조리 철학에 애착이 있었다. 유년 시절 성당에서 연극에 눈을 뜨고 고등학교 때 철학에 관심을 갖게 된 김성옥의 연기는 지성적이라는 평가를 받는다. 극단 산울림의 〈고도를 기다리며〉에서 그는 부조리극에서 연기는 사실주의극의 연기와는 달라야 한다고 생각했다. 심리 상태를 분석하고 논리적 인과관계에서 인물을 구축하는 것이 사실주의 연기라면 부조리극에서의 연기는 어떤 것이어야 할까? 이 연극에서 철학적 바탕에서 나온 지성적 연기를 추구했으며 사실주의 연기관에 입각한 연기는 스스로 거부했다. 부조리극을 사인 커브나 코사인 커브의 연기로 표현하면 감동을 줄 수 없었기 때문이다. 단절과 단절로 만들어진 탄젠트 커브의 연기관을 대학 졸업 무렵부터 확고하게 갖고 있었다. 연극을 왜 했을까? 연극하면 그냥 잘되었으니까 그리고 그것밖에 할 게 없었으니까라는 그의 말에서 연극이 전부였던 김성옥의 삶을 확인할 수 있었다.

국립극단에서 〈베니스의 상인〉의 샤일록, 〈만선〉의 곰치, 극단 산하의 〈천사여, 고향을 보라〉에서 켄트(1966년 동아연극상 남우주연상), 극단 산울림의 〈고도를 기다리며〉의 블라디미르(1970년-서울신문 주최 한국문화연기대상), 〈헨리 8세와 그의 여인들〉의 헨리 8세(1972년-한국연극영화예술상 연기상-현 백상예술대상), 〈겨울사자들〉의 헨리 2세(1973년 동아연극상 남우주연상) 등 김성옥은 연극무대에서 빛났던 배우였다.

참고문헌

1. 단행본

김남석, 『배우의 거울』, 연극과인간, 2004,

김덕환, 진환, 세환, 『金東圓 藝에 살다(김동원 희수 기념집)』, 1992.

구히서, 『연극읽기(1970~1979)』, 메타, 1999.

국립극장, 『국립극단 50년사』, 연극과인간, 2000.

목포시 · 목포시사편찬위원회, 『다섯마당 목포시사 4권 터전 목포』, 2017.

서연호, 『한국연극사–현대편』, 연극과인간, 2005.

양윤석, 『고려대학교 연극 100년사(1918–2017)』. 연극과인간, 2021.

유민영, 『우리시대 연극운동사』, 단국대학교 출판부, 1990.

─────, 『한국극장사』, 한길사, 1982.

유용환, 『무대 뒤에 남은 이야기들』, 지성의 샘, 2005.

이진아/이은경, 『한국 소극장 연극의 신화–소극장 산울림 30년사』, 레터프레스,
      2015.

전성희 편, 『차범석전집11–자서전/수필 외』, 태학사, 2019.

한국연극협회, 『한국현대연극 100년』, 연극과인간, 2009.

2. 잡지

『한국연극』, 2015년 6월호

3. 일간지

『조선일보』, 1960년 6월 18일

『경향신문』, 1962년 5월 3일

『동아일보』, 1963년 11월 19일

『조선일보』, 1963년 11월 19일

『조선일보』, 1964년 4월 3일

『조선일보』, 1964년 5월 19일

『조선일보』, 1964년 7월 8일

『동아일보』, 1964년 10월 1일

『경향신문』, 1964년 10월 10일

『조선일보』, 1964년 12월 10일

『동아일보』, 1966년 1월 6일

『조선일보』, 1966년 9월 15일

『서울신문』, 1969년 12월 27일

『경향신문』, 1997년 10월 22일

4. 배우 김성옥과의 대담

2021년 7월 18일, 목포 산정동 김성옥 자택

2021년 10월 6일, 목포 산정동 김성옥 자택

2022년 4월 22일, 목포 산정동 김성옥 자택

2022년 7월 22일, 목포 산정동 김성옥 자택

거리극의 연기 형식과 공간 활용에 대한 연구

: 우주마인드프로젝트의 서민경제 3부작을 중심으로

김 태 희

거리극의 연기 형식과 공간 활용에 대한 연구
우주마인드프로젝트의 서민경제 3부작을 중심으로[1]

1. 들어가며 : 공연 공간의 변화와 배우의 연기

한국 연극계에서 공연 공간의 변화가 가장 두드러지게 나타났던 시기는 1960~70년대라고 볼 수 있다. 이는 1969년 개관한 카페 떼아뜨르를 시작으로 본격적인 소극장 시대가 열렸다는 점, 극단 가교의 천막극장이나 1970년대 형성된 마당극과 같이 극장이 아닌 야외 공간에서 이루어지는 연극들이 등장한 시기였다는 점에서 그러하다.[2]

공연 공간의 변화는 단순히 물리적 공간의 변화에 그치지 않는다. 공

---

1   논문의 작성을 위해 공연 자료를 제공해주고 인터뷰를 허락해준 김승언, 신문영 배우에게 본 지면을 빌려 감사의 인사를 전한다.

2   해당 공연 공간들에 대한 설명은 김태희, 「1960~1970년대 극장 개념의 분화와 공간의 정치성 연구」, 고려대학교 박사학위논문, 2020을 참고할 수 있다.

연 공간이 변화하면 그에 따라 희곡의 형태나 무대 미학의 측면에서도 변화가 나타난다. 가령 1960년대 정식 극장을 벗어나 작은 대안공간으로 무대가 옮겨가면서, 대극장에서는 공연되기 어려웠던 서구의 실험극들이 공연되기 시작했다는 사실을 상기할 필요가 있다.[3] 기존 공연 공간의 주축을 이루었던 대극장들은, 마찬가지로 기존 희곡의 주요 형식이었던 사실주의 극 공연에 적합한 형태였다. 대형 프로시니엄 무대는 사실주의가 요구하는 극적 환영을 만들어내는 데 기여했고 무대와 멀리 떨어진 객석은 연기하는 배우들에게 심리적 안정감을 제공했다.[4] 요컨대 극장의 형태에 따라 공연되기 적합한 희곡이 달랐고 객석과 무대의 거리에 따라 장면 구성의 조건들이 달라질 수밖에 없었던 것이다.

한편 공연 공간은 배우의 연기에도 중요한 영향을 끼친다. 한국 연극사에는 이를 증언해주는 여러 가지 일화들이 존재하는데, 그 일례로 카

---

3 김정옥은 사실주의를 벗어나 다양한 공연 형식이 이루어지기 위한 전제조건으로서 공연 장소의 다양화를 주장한 바 있다. 김정옥, 「창고개조 등 장(場) 확대 시급」, 『조선일보』, 1972.02.11. 참고.

4 전통적인 대형 프로시니엄 무대에서의 연기에 익숙했던 김동원은, 1962년 드라마센터 개관 당시 공연에 대해 곤혹스러웠다고 회고한다. 여기에는 여러 가지 이유가 있겠으나 가장 중요한 것은 무대와 객석이 너무 가깝다는 점 때문이었다. "드라마센터의 무대 특징은 무대와 객석이 너무 가까워 무대 앞쪽으로 나가앉아 있으면 거의 맨 앞 좌석의 관객과는 코가 맞닿을 정도로 가까웠다. 그렇게 되니, 공연 때는 연기하는 내 자신도 부자연스러워지고 관객도 내 시선을 피해 고개를 돌리곤 했다. 무대가 객석과 너무 가깝게 되자 연기자인 나뿐만 아니라 관객도 모두 연극에 몰입할 수 없는 분위기가 되었다."(김동원, 『미수의 커튼콜』, 태학사, 2003, 272쪽).

페 떼아뜨르에 대한 회고를 살펴보자.

> **박정자** (전략) 첫 장면이 스씨 부부가 관객을 향해 정면으로 의자에 앉아
> 있고 스씨는 신문을 보고 있는 거예요. 그때 나도 잔뜩 긴장을 해
> 서 앉아 있다가 추송웅 씨를 보니까 손에 든 신문지가 덜덜 떨리
> 는 거예요. 나는 그걸 보고 더욱 긴장을 했던 게 생각나요. 부조리
> 연극이라 문맥도 안 통하는 대사를 해야 하는 연극인데 관객은
> 코앞에 앉아 있고. (중략) 아무튼 이렇게 가까운 무대, 긴장을 느
> 끼는 무대에 익숙해지면서 소극장의 매력을 알게 되었죠. 소극장
> 의 매력을 느낀 것은 아마 배우만이 아닐 거예요. 관객도 마찬가
> 지였을 거예요.[5]

1969년 카페 떼아뜨르의 개관작이었던 〈대머리 여가수〉에 출연했던
박정자는, 당시 공연 공간에 대해 관객이 "코앞에 앉아 있"는 가까운 무
대라고 기억하고 있다. 일반적인 극장과 달리 다방식 극장을 표방했던
카페 떼아뜨르에서 객석과 무대는 경계가 희미할 정도로 가까웠고 이
렇게 낯선 환경에서 공연을 해야 하는 배우들은 적응의 시간이 필요했
다. 불과 몇 년 뒤 〈빨간 피터의 고백〉으로 소극장 연극의 붐을 이끌었
던 추송웅조차 처음 접한 낯선 공연 환경에서는 손이 덜덜 떨릴 정도의
긴장을 느낄 수밖에 없었던 것으로 보인다. 배우의 작은 움직임, 작은
실수조차 관객들에게 여지없이 들켜버리는 공간에서 배우들의 연기는

---

5   구희서 편, 『까페 떼아뜨르』, 한국무대미술가협회, 1998, 55쪽.

훨씬 정교해질 필요가 있었다. 물론 적응이 필요한 것은 관객들도 마찬가지였다. 이렇게 공연 공간의 변화는 배우의 연기와 관객들의 관극 형태에도 많은 영향을 주는 것이었다.

그런데 극장에서 이루어지는 공연보다 거리에서 이루어지는 공연은 더 많은 변수에 노출될 수밖에 없다. 거리는 불특정다수의 사람들이 향유하는 공간이면서 동시에 무대 장치의 측면에서도 극장과는 전혀 다른 환경을 구성한다. 배우의 연기 역시 더 많은 변화의 폭이 요구될 수밖에 없다. 그러나 기왕의 거리극 연구에서 공간과 배우의 연기에 대한 관심은 크게 부각되지 못했다.[6]

일반적으로 거리극은 거리에서 이루어지는 연극을 칭하는 용어인데, 언뜻 '극장 밖'에서 이루어지는 연극이라는 측면에서 근대화 이전의 연극과 동궤에 놓인 것처럼 보인다. 하지만 전자는 "정형적 실내 극장 무대 및 극장의 제도와 그 공연 미학의 틀에서 벗어나고자 하는 의도적 목적"을 갖는다는 측면에서 후자와 구별된다.[7] 1970년대의 마당극을 한국 연극계에서 본격적으로 시도된 거리극으로 보는 선행연구들의 관점

---

6 선행 연구들은 대부분 거리극의 역사, 특징에 대한 거시적인 시각의 연구들이다. 다만 이화원은 거리극의 공연요소를 분석하면서 매개체로서의 배우의 역할에 주목한 바 있다. 해당 연구에서 이화원은 공연 환경의 변화로 인해 기존의 연기 양식으로는 규정할 수 없는, 동시에 하나의 틀로 일반화될 수 없는 거리에서의 연기가 등장한다고 주장한다. 이화원, 「'거리극'에 대한 공연학적 연구」, 『한국연극학』 31, 한국연극학회, 2007, 229쪽.

7 이화원, 「프랑스 거리극 연구 −유형별 공연과 축제의 특성 및 의의」, 『연극교육연구』 6, 한국연극교육학회, 2000, 56쪽.

은 여기에 기인한다.[8]

한편 1990년대에 접어들어 한국의 거리극은 다시 한번 전환기를 맞이하는데, 그것은 '거리'를 보는 시각의 변화에 힘입은 결과였다. 과거의 '거리'가 정치적 목적에 의해 선택된 공간이었다면 이제 '거리'는 예술적 공간으로, 축제의 공간으로 의미가 확대되기 시작했다. 거리를 선택함으로써 배제되는 것들, 지양하고자 하는 것들이 중요해지는 것이 아니라 거리 자체에서 연극을 어떻게 만들 것인가가 더 중요한 문제가 되었다.[9] 거리극 공연에서 배우의 연기 미학이 중요한 화두가 될 수밖에 없는 것은, 오늘날 거리극이 이러한 맥락 위에 놓여 있기 때문이기도 하다.

본 연구는 최근 몇 년 사이 활발하게 거리극을 공연하고 있는 우주마인드프로젝트를 대상으로 진행되었다. 김승언, 신문영 배우가 만든 우주마인드프로젝트는, 2015년 〈잡온론(Job on Loan)〉 공연을 시작으로 〈스피드. 잡스(Speed. Jobs) : 질풍노동의 시대〉(이하 〈스피드. 잡스〉), 〈아담스 미스(Adam's Miss)〉('서민경제 3부작')를 차례로 선보이며 다양한 공간에서 공연을 진행해왔다. 야외에서부터 극장이 아닌 실내 공간에 이르기까지

---

8   이은경, 「한국의 거리극 연구」, 『드라마연구』 34, 드라마학회, 2011, 198쪽; 이화원, 「'거리극'에 대한 공연학적 연구」, 221쪽. 선행연구들의 견해에는 대체적으로 동의하지만, 이와 비슷한 시기에 기성 연극계에서 시도되었던 탈극장 실험에 대해서도 주목할 필요가 있다.

9   한국 거리극의 역사적 개관과 1990년대를 한국 거리극의 전환기로 보는 관점은 이은경의 연구를 참고할 수 있다. 이은경, 위의 글, 4~5쪽 참고.

여러 공간을 거치면서 배우들의 연기관이 정립되었기 때문에 공간 변화에 따른 연기 형식을 연구하기에 적합한 대상이라 판단했다. 공간에 따른 연기의 변화를 추적하기 위해 2017년부터 2021년 사이 진행된 우주마인드프로젝트의 서민경제 3부작 공연 장소를 정리하였고 이를 토대로 두 배우와 인터뷰를 진행하였다.

2. 콜라주 형태의 장면 구성과 역할의 넘나듦

서민경제 3부작을 비롯한 우주마인드프로젝트의 모든 작품들은 김승언과 신문영, 두 배우가 공동으로 창작했다. 따라서 배우의 입장에서 경험한 것들이 작품의 형식이나 내용 전반에 걸쳐 반영되어 있다.[10]

이들의 대표작인 '서민경제 3부작'은 각각의 방식으로 경제와 관련된 사회 문제를 풀어나간다. 요컨대 〈잡온론(Job on Loan)〉에서는 빚을 기반으로 성립될 수밖에 없는 예술가의 직업에 대해, 〈스피드. 잡스(Speed. Jobs): 질풍노동의 시대〉는 끊임없이 일을 해야만 유지될 수 있는 생활에 대해, 〈아담스 미스(Adam's Miss)〉는 남성 중심으로 이루어지는 경제 구조

---

10 남지수는 서민경제 3부작을, 신자유주의 체제 속 예술가의 삶과 현실을 자기 서사로 이야기하는 '자전적 다큐멘터리' 계열의 작품으로 명명한 바 있다. 남지수, 「신자유주의 시대를 성찰하는 다큐멘터리 연극과 연극인 – 자본론을 호명하는 연극작업을 중심으로」, 『드라마연구』 64, 한국드라마학회, 2021.

와 폭력성에 대해 성찰하는 내용이다.

> **남자** 난 직업이 뭘까요?
>
> **여자** 난 직업이 뭘까요?
>
> **남자** 돈벌이 수단. 직업이 그런 의미라면 내 직업은 연극배우가 아니라 물류배송기사입니다. 조명보수요원이었고,
>
> **여자** 학원 강사이기도 했고, 남자 주방보조였던 적도 있습니다.
>
> **남/여** 나는 연극배우이지만 내 직업은 비정규직입니다.[11]

세 작품은 공통적으로 '남자'와 '여자'를 중심으로 진행된다. 두 인물은 김승언, 신문영 배우의 자전적 서사가 반영된 인물들로, 실제 배우들이 겪었던 현실적인 문제들을 증언하고 극의 진행을 이끌어가는 역할을 맡는다. 가령 〈잡온론〉에서 '남자'와 '여자'는 연극배우라는 직업만으로는 생계를 유지할 수 없는 현실에 대해 증언하고 이런 현실에 대해 문제를 제기하는 식이다.

> **남자** 맑스가 얘기합니다.
>
> **맑스** 아빠 곰은 왜 뚱뚱할까요?
>
> **여자** 아담이 대답합니다.
>
> **아담** 많이 먹고 운동을 안 해서.
>
> **맑스** 왜 많이 먹고 운동을 안 했을까요?

---

11 우주마인드프로젝트, 『〈잡온론〉(2021) 공연 대본』, 16쪽.

아담   게을러서.[12]

남자와 여자의 이야기가 기본 축에 해당한다면 여기에 작품의 주제와 연관되는 다양한 등장인물들, 요컨대 마르크스와 아담 스미스, 토끼와 거북이가 등장하는 장면들이 끼어들며 극의 진행이 이루어진다. 아울러 부차적인 등장인물들 외에도 '남자'와 '여자'가 들려주는 이야기 속에서 '남자'와 '여자'는 다양한 인물들을 흉내 내며 장면들을 만들어 나간다. 결과적으로 작품은 다양한 인물들이 등장하는 일종의 콜라주처럼 구성되는데, 이와 같은 극 형식은 배우가 두 명이라는 물리적 형식을 극복하기 위한 선택이자 사람들의 관심을 오래 지속시키기 위한 장치로서 기능한다. 거리는 여타 극장과 달리 다양한 자극과 관객이 모이는 공간이다. 공연을 하는 동안 주변 환경에 영향을 많이 받을 수밖에 없고 관객들은 자유롭게 움직일 수 있으며 경우에 따라서는 관극의 준비가 되지 않은 일반 행인들이 관객이 되기도 한다. 자연스럽게 긴 시간 서사를 따라가야 하는 일반적인 구성의 희곡보다는, 단순한 서사이면서도 관객의 집중을 높일 수 있는 희곡적 장치가 요구될 수밖에 없다.[13]

이렇게 구성된 작품 속에서 두 배우는 여러 인물을 연기해야 하는 상황에 처한다. 여타 일인 다역의 경우와 다르게 막의 구성이 없는 이 작

---

12 위의 글, 6쪽.
13 거리극이 인접분야인 인형극, 광대 놀음 등과 밀접한 관계를 맺는 것은 이런 이유 때문이기도 하다.

품들에서, 배우의 역할 바꾸기는 오롯이 관객들에게 노출되며 배우는 그것을 관객들에게 자연스럽게 전달해야 한다.

김승언 **결론적으로 놀이터에서 소꿉놀이 하듯이, 애들처럼 놀기만 하면 다 된다고 느끼고 있어요.** 애들이 소꿉놀이 할 때 애 역할, 엄마 역할, 강아지 역할, 이런 게 자유롭게 변화무쌍하게 진행되잖아요. 그렇다고 애들이 놀고 있는 걸 보면 이야기를 못 쫓아가지 않는데, 어른들이 하는 것도 애들처럼 놀 수만 있으면 자꾸 역할이 바뀌어도 이야기를 쫓아갈 수 있지 않을까.

신문영 연기적 관점에서 배우가 무대에 존재할 때에는 정말 그 인물이 되어야 하고, 전사나 인물의 상태에 집중했었거든요. 그런데 거리극 하면서 필요했던 것은 역할 **놀이적 개념**이었어요. 배우는 이야기 전달자이자 해설자에요. 어떤 부분은 해설을 하기도 하지만 역할 놀이 하는 것처럼 사자가 되었다가 다시 인물이 되기도 하고요. **일종의 넘나듦, 역할놀이 같은 지점이 있다는 생각이 들어요.** 기존의 연기 교육이나 연기의 방향에서 접근하시는 배우분들은 이런 넘나듦을 힘들어하는 분들도 계시죠. 기존의 연기 관점에서 한 인물이 된다는 것은 깨지기 쉬운 유리같은 상태인데, 저희는 이걸 쉽게 던지고 노니까요. **어떤 무대 장치나 특별한 소품이 없어도 관객이 그걸 이해하는데 어려움을 안 겪는다는 걸 경험으로 알게 되었어요.**[14] (밑줄과 강조 인용자)

---

[14] 김승언, 신문영 배우와의 인터뷰(2021년 12월 21일 화요일 오전 10시 30분, 온라인 줌 진행) 이후 인용, 참고하는 인터뷰는 모두 해당 인터뷰의 내용을 정리한 것에 기반한다.

두 배우는 자신들의 연기를 '소꿉놀이', '역할 놀이'에 비유한다.[15] 아이들이 놀이 속에서 여러 가지 역할을 수시로 바꾸듯 자신들의 연기 역시 인물의 경계를 넘나들면서 이루어지기 때문이다. 신문영 배우의 설명처럼 대부분의 연극 형식에서 배우는 극중인물이 되기를 요구받는다. 관객들로 하여금 무대 위 사건들이 현실 속 그것과 유사하게 받아들이도록 만들려면 배우들은 인물들의 전사와 상태를 끊임없이 분석하고 내재화해야 한다. 하지만 우주마인드프로젝트는 적극적으로 인물이 되기보다는 변화하는 상황에 집중하여 그 역할을 연기하는 것을, 그리고 역할이 옮겨가는 순간을 관객들에게 고스란히 노출시키는 전략을 선택한다. 다만 이 과정에서 우주마인드프로젝트는 특별한 소품이나 무대 장치를 활용하지 않는다. 경우에 따라서 목소리의 톤이나 질감이 바뀌기는 하지만 그것에 전적으로 의존해서 연기를 진행하기보다는, 놀이처럼 관객이 자연스럽게 따라가도록 유도한다.

여기에는 한 가지 전제 조건이 필요하다. 좋은 놀이란 결국 누구나 쉽게 익힐 수 있는 규칙과 놀이의 본질인 재미(fun)가 보장되어야 할 것이다.[16] 우주마인드프로젝트의 작품들은 형식적으로는 연극이 취할 수

---

15 요한 하위징아는 놀이의 기본적인 양상으로 "어떤 것을 얻기 위한 경쟁"과 "어떤 것의 재현"을 꼽은 바 있다. 아이들은 역할놀이, 소꿉놀이 속에서 특정 역할을 재현해내기 위한 경쟁을 하는 셈인데, 이는 근본적으로 연극에서 배우의 기능과 유사하다. 요한 하위징아, 『호모루덴스』, 이종인 역, 연암서가, 2010, 52쪽.

16 놀이의 본질인 '재미(fun)'에 대해서는 위의 책, 33쪽을 참고할 수 있다.

있는 가장 단순한 형태를 추구하며,[17] 내용적으로는 관객에게 익숙한 현실적인 문제들을 담고 있다. 그런데 이때의 현실적인 문제들은 속사포처럼 쏟아지는, 언어유희라는 외피를 입고 나타난다는 점이 중요하다. 〈잡온론〉의 칼 맑스는 '칼을 막 쓰는 요리사'로, 아담 스미스는 '보이스피싱과 스미싱의 대가'로 설정되는 식이다. 배우들은 단순히 역할 간의 이동뿐만 아니라 진지함과 느슨함을 오가는 연기를 해야 하고 이것은 그 자체로 작품의 리듬감을 만들어내며 놀이의 집중력을 고조시킨다. 덕분에 관객들은 고차원의 논리적 사유를 전개하기보다 이들이 전달하는 이야기에 귀 기울이고 감각적으로 반응하게 된다.

요컨대 거리극의 특성상 관객들의 집중도를 높이기 위해 선택된 콜라주 형식의 극작 방식은 배우의 연기에 중요한 원칙을 제공한다. 빠르게 변화하는 장면과 자유로운 역할의 넘나듦을 소화하기 위해 두 배우는 '놀이'의 관점으로 연기에 접근하고 있으며 역할에 깊게 몰입하는 대신 역할의 특성을 포착하여 이를 강화하는 형식을 선택하게 된다.

3. 지형지물의 활용과 배우의 몸

우주마인드프로젝트의 작품에는 별다른 무대 장치가 존재하지 않는

---

17 모노드라마를 예외로 한다면, 무대에서 '갈등'을 일으키기 위해서는 최소한 두 명의 배우가 필요하다. '가장 단순한 형태'란 이를 의미한다.

다. 처음 작품 활동을 시작할 때부터 배우 두 명이서 모든 것을 해결해야 했기 때문에 조명, 음향과 같은 여타 기술 스태프들과 함께 작업할 수가 없었고 이후에도 모든 걸 배우 두 명이 해결하는 방식으로 작업을 진행하고 있다. 그러다 보니 자연스럽게 우주마인드프로젝트의 작품에는 지형지물을 활용한 장면 구성들이 자주 등장한다.

2017년부터 본격적으로 이루어진 서민경제 3부작 공연은 전국 각지에서 이루어졌다. 그중 다수의 공연이 거리예술축제에 참여하는 형식이었기 때문에 거리예술축제가 벌어지는 장소들에서 이루어졌고 그 외에 자체 기획이나 지원 사업의 성격에 따라 일상적인 장소들도 몇몇 포함되었다.

지역별로 분류해보자면 서울의 경우에는 서울로7017, 대학로 마로니에 공원, 월드컵 경기장, 문화비축기지, 서울숲, 만리동 예술인주택(막쿱), DDP 어울림광장 등이 있고 그 외의 지역은 대구의 수성못 거리예술무대, 광주의 광주ACC 민주평화교류원, 안산역, 가평문화창작공간, 제주 해비치 야외무대 등이 있다.[18]

극장에서의 일반적인 공연도 극장 답사가 중요한 제작 과정이긴 하지만 우주마인드프로젝트의 경우 답사는 필수적인 과정에 해당한다. 같은 장면이더라도 공연 공간을 어떻게 활용하느냐에 따라 전혀 다르

18 　우주마인드프로젝트의 공연 정보는 대부분 '우주마인드프로젝트 페이스북 페이지'를 통해 확인이 가능하다.

〈잡은론〉 공연 ⓒ김은하

게 구현될 수 있기 때문이다.[19] 따라서 작업을 위해서 먼저 현장 답사를 진행하거나 혹은 사진으로라도 미리 공간에 대한 이해를 숙지하고 장면을 만들기 시작한다.

별다른 소품이나 무대 장치가 없기 때문에 연기를 하는 공간의 지형지물은 장면 구성에 있어 중요하게 활용된다. 공원의 계단, 건물 외벽, 난간, 조형물, 벤치 등 이들이 장면 만들기에 활용하는 지형지물은 다종다양하다. 경우에 따라서는 이런 지형지물을 이용하기 위해 배우와 관객의 이동이 이루어지기도 한다.

위의 사진은 2017년 〈잡은론〉 만리동 예술인주택에서 진행되었던 공연의 모습이다. 공연은 기본적으로 건물 외부의 빈터에서 진행이 되었

---

[19] 두 배우의 증언에 따르면, 각 작품의 장면 구성은 초연의 경험이 기본적인 토대가 된다. 공연 장소의 답사 이후 초연에서 만들었던 장면을 구현할 수 있을지에 대해 빠르게 판단한다. 이에 따라 초연에서 만들었던 장면들이 확대가 되기도 하고 축소, 생략되기도 한다.

는데, 장면이 바뀔 때마다 두 배우는 건물 외벽에 걸터앉거나 건물 사이를 연결하는 통로에 올라가 연기를 이어나갔다. 배우의 이동은 새로운 장면이 시작됨을 관객에게 알리고 그 순간 배우의 역할이 바뀌는 것을 환기 시킨다. 무엇보다 배우가 만드는 장면들이 주변 환경과 이질감 없이 섞여 들어갈 때, 작품은 일상과 예술의 경계를 허물며 관객들의 체험으로 확대된다.[20]

무대 장치의 부재를 채우기 위해 공연 공간의 지형지물을 활용하는 것이 한 축이라면, 다른 한 축에는 배우의 몸이 존재한다. 두 배우는 대학교에서 연기를 전공하지는 않았다는 공통점이 있는데, 그 이후 행보는 조금 다르다. 신문영 배우의 경우 대학교 졸업 후 마임이스트 남궁호의 극단과 대학원을 거쳐 연극계에 입문했고 배우 생활 초기부터 신체 훈련에 대해 관심이 많았다. 극단에서 배웠던 아크로바틱부터 시작해 발레, 한국무용, 현대무용의 트레이닝법 등을 훈련했다. 반면 김승

---

20 만리동 예술인주택은 예술인들이 입주할 수 있는 예술인 전용 장기임대 주택이다. 당시 행정기관에서는 예술인주택이 지역에 자리 잡은, 공동체를 위한 예술 작업의 일환으로 모델링되기를 바랐고, 이로 인해 예술인주택을 온전히 주거 공간으로만 바라보는 예술가들과 입장차가 빚어졌다. 예술가들의 일상과 예술의 경계, 직업 정체성의 문제 등 당시 막쿱은 이런 여러 가지 논쟁의 핵심적인 공간이었고 그 공간에서 예술가의 노동과 생계에 대해 질문하는 〈잡온론〉이 올라갔기 때문에 이 작품의 공연에는 여러 가지 함의가 생겨날 수밖에 없었다. 같은 맥락에서 〈아임-언-아티스트〉라는 작품이 만리동 예술인주택에서 진행된 바 있는데, 자세한 내용은 다음 글을 참고할 수 있다. 김은서, 「[리뷰] NEWStage 선정작 〈아임-언-아티스트〉 : 집의 주인은 누구인가?」, 『독립예술웹진 인디언밥』, 2017.02.08. 출처 : https://indienbob.tistory.com/1008)

언 배우의 경우에는 졸업 후 대학원에 진학하면서 본격적인 연기 활동을 시작했는데 몸을 쓰는 연기보다는 정극 위주의 공연을 해왔다. 그로서는 우주마인드프로젝트를 시작하면서 본격적으로 신체 연기에 대한 고민을 하게 된 셈이다.

서민경제 3부작에서 두 배우는 자신의 몸을 통해 여러 가지 움직임을 만들어낸다. 단순히 이야기를 전달하는 장면에서도 그냥 서 있거나 앉아 있기보다는 관객이 배우의 물리적 신체를 감각할 수 있도록 움직임을 고안한다. 등장인물들 사이에 갈등이 빚어지는 장면에서는 서로의 몸을 엉키게 만들거나, 토끼와 거북이, 칼 마르크스와 아담 스미스가 등장하는 우화적인 장면들, 특정한 의미(노동, 폭력, 차별, 숨 막힘 등)가 부각될 필요가 있는 장면들에서는 이를 표현하기 위해 춤과 같이 정형화된 몸짓들을 도입하기도 한다. 이는 그 자체로 시각적인 자극이 되며 연기하는 배우의 물리적 신체가 부각된다는 점에서 공통적이다.

서민경제 3부작 중 움직이는 배우의 신체가 가장 중요한 의미를 갖는 것은 〈스피드. 잡스〉다. 이 작품은 제목 그대로 끊임없이 생계를 위해 일을 해야만 하는, 자본주의 체제하의 삶의 모습을 그리고 있는 작품이다.

우주마인드프로젝트는 〈스피드. 잡스〉를 자체 기획으로 청계천 광통교 일대에서 선보인 바 있다. 거리극 축제의 프로그램으로 진행된 공연이 아니었기 때문에 관객들은 대부분 공연 관람의 준비가 되지 않은 관객들이 많았고 어느 때보다 공연에는 변수들이 많이 작용하고 있었다. 해당 공연이 흥미로운 것은 공연 시간이 직장인들의 점심시간대라는

<スピード. 잡스> 공연
ⓒ황가림

것인데, 이는 공연 주체들에 의해 의도적으로 선택된 시간이기도 했다. 점심식사를 마치고 청계천으로 산책을 나온 직장인들을 관객으로 상정하고 공연을 진행했던 것이다.

해당 공연은 엄청난 인파가 몰리며 성공을 거두었는데 여기에는 몇 가지 흥미로운 지점이 있다. 먼저 우주마인드프로젝트의 의도대로 당일 공연에는 많은 직장인 관객들이 몰렸다. 관객의 입장에서는 예상치 못 하게 일상적인 시공간 속으로 난입한 공연과 맞닥뜨린 셈이었지만 그럼에도 불구하고 꽤 오랜 시간을 공연을 보는 데 할애했다. 당시 우주마인드프로젝트는 자신들의 연기 공간 바로 앞에 관객들을 위한 자리를 마련했는데, 직장인 관객들은 이렇게 준비된 객석에 앉는 대신 오히려 먼 곳(광통교 위나 반대쪽 천변)에 서서 관람하기를 선택했다. 거리가 멀어지면 배우의 대사가 잘 들리지 않는 불편함이 발생할 수 있었음에도 이날의 관객들은 오히려 그런 불편함을 기꺼이 감수했다.

남자	(긴박하게) 우리 여행갈까?
여자	여행? 어디로?
남자	어디든. 여기가 아닌 곳으로! **(달린다)**
여자	(소리친다) 조심해!! 근데 언제?
남자	글쎄, 다음주?
여자	일이 있어. 다다음주?
남자	안 되겠어. 다다다음주?
여자	다다다다음주?
남자	다다다다… 다다음주?
여자	다다다다다… 다다다음주?
남/여	다다다… 다다다다… **(달리며 총을 쏘듯)** 다다다다다다다다다 다다다다![21] (강조 인용자)

열악한 환경에서도 관객들의 관극이 가능할 수 있었던 것은 〈스피드. 잡스〉가 대사 전달보다는 배우의 신체언어를 적극적으로 활용하는 작품이기 때문이다. 〈스피드. 잡스〉는 끊임없이 이어지는 노동에 대한 이야기이다. 쉴 새 없이 일에서 일로 이어지는 일상을 표현하기 위해서 배우들은 '달리기'라는 표현을 선택한다. 쉴 시간을 확보하기 위해서 노동의 속도를 올려야만 하는 현실은, 빠른 속도로 달리는 배우들의 신체를 통해 전달된다. 달리기의 속도가 더해질수록 배우들의 신체는 눈에 띄게 지쳐가고 소진되며 대사보다 더 강렬하게 노동의 고됨을 증언한

---

21 우주마인드프로젝트, 『〈스피드. 잡스 : 질풍노동의 시대〉(2021) 공연대본』, 2쪽.

다.[22] 연기를 하는 배우들은, 공연 시간만큼 누구보다 치열하게 노동을 하고 있는 셈이기도 하다. 배우들이 고단한 몸은 노동하는 몸 그 자체이며 회사가 몰려 있는 청계천 근처의 주변 환경과 어우러지면서 작품의 의미를 관객의 삶과 접합시킨다.[23]

포스트드라마 시대에 접어들면서 배우의 몸성(corporeality)에 대한 논의는 다방면에서 진행된 바 있다. 이때 배우의 몸성이란 단순한 신체언어를 의미하는 것에서 나아가 배우의 주체적인 자기의 실현과 이를 통한 현존적 아우라를 의미하며, 이로 인해 관객과 배우는 현존하는 주체들로 만날 수 있게 된다.[24] 〈스피드. 잡스〉에서 두 배우는 노동하는 몸을 연기하며 그 순간 자신들이 수행하는 노동에 대한 의미를 탐색하게 되며, 이는 노동의 과정에서 잠시 떨어져 나왔던 관객들을 자기 탐색의 과정으로 안내하게 되는 것이다.

이렇게 우주마인드프로젝트에게 있어 신체는 대사만큼이나 중요한

---

22 남지수, 앞의 글, 84쪽.

23 이러한 신체 연기가 극대화된 것이 최근작인 〈두 발 자유화〉다. 이와 관련해서는 김태희, 「전염병 시대, 우리가 잃어버린 것들을 위해」, 『한국연극』, 2020년 12월호 참고.

24 포스트드라마 시대 몸성의 강화와 연기 개념의 변화에 대해서는 다음의 연구들을 참고할 수 있다. 안재범, 「연기개념의 '포스트' 적 변환에 관한 고찰」, 『한국극예술연구』 46, 한국극예술학회, 2014; 이신영, 「몸성의 강화를 통한 일인다역에 관한 연구」, 『드라마연구』 49, 한국드라마학회, 2016; 김기란, 「포스트드라마 연극의 연기 개념과 배우의 정체성」, 『드라마연구』 59, 한국드라마학회, 2019.

도구다. 두 배우는 주변의 지형지물을 활용하고, 또 때로는 서로의 몸에 의지하여 신체언어를 주고 받는다. 속사포처럼 쏟아지는 언어유희와 어우러지는 배우의 몸은 작품의 이야기를 감각적으로 관객들에게 전달하는 데 기여한다.

4. 외부 자극과 소리의 관계

편의상 '거리'라고 통칭하고 있지만, 물리적으로 거리극의 공간이 모두 야외에 해당하는 것은 아니다. 거리극이 이루어지는 공간을 몇 가지 유형으로 분류해본다면, 완전한 야외 공간, 야외이지만 간이 무대를 갖춘 공간, 실내이지만 극장이 아닌 공간, 극장으로 나눠볼 수 있겠다. 완전한 야외 공간과 실내 극장이 양극단을 이룬다면, 야외이지만 간이 무대를 갖춘 공간이나 실내이지만 극장이 아닌 공간들은 양 극단에 놓인 공간의 성격을 일정부분 공유한다.[25]

우주마인드프로젝트의 공연은 대부분 야외 공간(완전한, 혹은 간이 무대를 갖춘)이나 극장이 아닌 실내 공간에서 이루어졌는데, 아주 드물게 정

---

25 극장이 아닌 실내 공간과 극장은, '실내'라는 측면에서 유사한 환경이라고 생각할 수 있지만, 연기를 하는 배우들의 입장에서는 전혀 다른 환경이다. 두 배우는 전자는 마치 공연을 올리기 전 연습실과 같은 환경이며, 연기를 하는 데 있어 극장과는 다른 상상력을 자극하는 공간이라고 표현한다.

식 극장에서 공연된 경우도 있었다. 지난 2019년 연우무대의 '프로파간다' 시리즈에 초청되었을 때가 그런 사례였다.

> **김승언** 실험을 해보고 싶었던 것 같아요. 극장이라는 공간은 항상 그 공간이 사용되는 방식, 문법 안에서 공연이 이루어져야 하나, 극장을 벗어난다는 게 도대체 뭘까, 공간만 벗어나면 그게 극장을 벗어나는 건가, 이런 게 궁금해지더라고요. 반대로 극장에 들어갔을 때 그 공간을 극장이 아닌 것처럼 쓸 순 없을까, 이렇게 이어진 거죠. 결과적으로 실패했지만 극장에서 이런저런 일들을 겪으면서 경험하면서 극장과 극장을 벗어난 야외 공간의 차이를 극명하게 느꼈던 것 같아요. 극장에서는 왜 조명에 자꾸 변화를 줘야 하는지, 왜 뭔가를 계속 해야 하는지를 느꼈던 게, 공기가 흐르지 않더라고요. 바람을 일으켜야 했던 거죠. 어떻게 보면 거리에서 공연을 하면서 저희는 되게 쉬웠던 것 같아요. 우리가 안 일으켜도 바람이 불기 때문에. 우리는 우리가 할 일만 하면 되고 나머지는 우리가 제어할 수 있는 게 아니거든요. 관객들이 그 외부 감각과 앞에서 공연을 하고 있는 우리를 같이 보면서, 그렇게 알아서 화학 작용들이 일어나는 거죠.[26]

우주마인드프로젝트는 서민경제 3부작을 연우무대에서 공연하면서, '극장에서 탈극장하기'라는 목표를 내세웠다. 야외 공연으로 만들어진 서민경제 3부작을 실내 극장에서 공연하면서, 그동안 체득한 탈극장의 문법을 그대로 활용해보려는 의도였다. 전통적인 극장의 문법을 탈피

---

26 앞의 인터뷰.

연우무대에서의 공연 ⓒ나희경 　　　　마로니에 공원에서의 공연 ⓒ황가림

하기 위해 무대와 객석의 위치를 바꿨고 극장의 조명은 전구로 대체했다. 서민경제 3부작의 초연 당시 계단을 활용한 장면 구성이 포함되어 있었기 때문에 객석을 무대로 활용하면 오히려 연기가 훨씬 수월할 것 같았지만, 공연은 생각처럼 진행되지 못 했다.

　배우들은 당시 극장에서의 공연이 답답했고 공기가 흐르지 않았다고 회고한다. 이때의 답답함은 일차적으로는 낮은 실내 천장이 주는 감각으로부터 연유하지만, 그것보다는 외부 자극이 없다는 것이 더 큰 원인으로 작동한다. 이들이 주로 공연을 했던 야외는 배우들이 의지로 제어할 수 있는 부분보다 제어할 수 없는 부분이 훨씬 더 많은 공간이다. 움직이는 관객, 지나가는 행인들에서부터 시작해서 시시각각 변화하는 햇빛의 각도, 어디선가 들려오는 소음에 이르기까지 야외는 온갖 돌발 변수들이 존재한다.[27] 하지만 역설적이게도 이것은 종종 장면이 흘러가

27　가령 2017년 〈잡온론〉 공연 당시에는 보수 단체 집회가 벌어지기도 했다. 집회

도록 만드는 원동력이 되곤 한다. 다시 말해, 극장에서는 조명, 음향, 기계 설비, 무대 장치들이 해주던 역할을 야외에서는 그 모든 외부 자극들이 자연적으로 담당해주고 있었던 셈이며, 배우의 연기는 이런 외부 자극들과의 상호 작용 속에서 이루어진다.

> **남자**   그러게… 여보, 우리 진짜로 여행 갈까?
>
> **여자**   오후 3시 45분. 어린이집에서 돌아오는 길. 하루 중 유일하게 헐 겁게 풀어놓을 수 있는 시간. 공기 중에 남아 있는 비 냄새를 맡으 며, 땅바닥의 개미들과 같이 천천히 행렬하기. 고양이들이랑 인 사하기. 야옹. 잠시 벤치에 앉아 뻥튀기 뜯어 먹기. 아작 아작. 아, 귀여워. **오후 4시 3분의 햇살.**
>
> 남자와 여자, 손을 잡고 걷다가 이내 즐겁게 달려간다.[28]

물론 외부 자극과의 소통 속에서 이루어지는 연기에 대한 자각은 연우무대 공연 이후 나타난 것이었지만, 이미 우주마인드프로젝트는 그 전 공연에서부터 외부 자극을 공연에 적극적으로 활용하고 있었다. 〈잡온론〉의 마지막 장면은 배우가 외부 자극을 활용하는 방식을 가장 잘 보여주는 사례다. 극의 마지막 남자와 여자는 미뤄두었던 여행을 가기

참여자들은 거리예술페스티벌을 방해했고 심지어 취객이 난입하는 일도 벌어졌 다. 김미지, 「연극수다, 우주마인드프로젝트 서민경제 3부작」, 『한국연극』, 한 국연극협회, 2020.01. 18~19쪽 참고.

28   우주마인드프로젝트, 『〈잡온론〉(2021) 공연대본』, 18쪽.

로 하고 여유롭게 쏟아지는 햇빛을 받는다. 만리동 예술인주택에서 공연했을 당시 이 장면을 연기했던 시간은 실제로 오후 4시에 가까운 시간이었다.[29] 극 중 시간과 유사한 시간대의 햇빛이 배우들에게 쏟아질 때, 외부 자극은 극의 원활한 흐름을 도와준다.

> **남/여**　우리는… 쉬게 될 거예요… 우리는 쉬게 될 거예요.
> 　　　　도시의 소음[30]

햇빛과 같은 외부 자극을 적극적으로 활용하는 것은 소리에 있어서도 마찬가지다. 외부에서 발생하는 필연적인 소리이면서 동시에 극 진행에 반드시 필요한 소음들이 존재한다. 예컨대 등장인물들이 살아가는 도시를 표현하는 소음들이 그러하다. 〈스피드. 잡스〉의 마지막 장면은 배우들이 연기하는 장면에 외부 소음이 더해졌을 때 그 의미가 완성될 수 있었다.

이렇게 외부 자극에 관심을 가지다 보니 두 배우는 자연스럽게 공연에 필요한 소리에 대해서도 관심을 갖게 되었다. 초반에는 탁 트인 공간에서는 소리가 퍼지기만 해서 연기하기가 어렵다는 감각 정도였지만 이후에는 공간의 구조에 따라 소리의 울림이 변형되고 부딪치는 부분

29　해당 장면에 대한 구체적인 내용은 다음의 기사를 참고할 수 있다. 김태희, 「극장 밖으로, 삶으로」, 『웹진 연극인』, 서울연극센터, 2017.

30　우주마인드프로젝트, 『〈스피드. 잡스 : 질풍노동의 시대〉(2021) 공연대본』, 18쪽.

에 대한 관심으로 옮겨 갔다. 이런 관심이 집약된 장면으로 〈잡온론〉의
한 장면을 예로 들 수 있다.

> **여자** (전략) 그러니, 큰 돈 바라지 않으니 시간 강사 오래 시켜주세요.
> 4대 보험 되지 않아도 되고 성과급, 상여금, 휴가 이런 거 없어도
> 되니 단단하고 흔들림 없는 미래를 약속해주세요. 밀린 대출금도
> 갚고 아이도 키울 수 있게, 부모님께 조금이나마 용돈도 드릴 수
> 있게. 꼭 연락주세요. 꼭이요.[31]

해당 장면을 위해 신문영 배우는 높은 곳, 혹은 김승언 배우와 멀리
떨어진 곳으로 이동한다. 만리동 예술인주택에서 공연을 했을 당시에
는 건물과 건물을 이어주는 높은 통로에서 위의 장면을 연기했는데, 신
문영 배우는 멀리서 외치는 듯한 톤으로 연기를 했고 물리적으로 위에
서 아래로 울려 퍼지는 소리는 건물 외벽과 부딪치며 입체적인 공명을
만들어냈다.

이들이 연기를 하는 데 있어 소리의 성격도 중요한 고려사항이 된다.
서민경제 3부작 공연 초반에는 대사를 보다 더 잘 전달하기 위해 마이
크가 동원되는 경우가 있었다. 외부 소음이 존재하는 거리극 공연에서
마이크와 앰프가 동원되는 일은 사실 흔한 일이다. 더군다나 거리극 중
에서도 대사가 많은 편에 속하는 서민경제 3부작의 경우, 마이크를 사
용하면 대사가 훨씬 더 잘 전달될 수도 있었다. 하지만 공연이 횟수를

---

31 위의 글, 14쪽.

거듭하고 소리에 대해 신경을 쓸수록 마이크와 앰프를 통해 전달되는 인위적인 소리들은 공연 무대인 거리와 어울리지 않는다는 생각이 들었다고 한다.[32] 이들의 공연 무대가 되는 거리는 '거리에 있을 법한' '자연스러운' 외부 소음들이 존재하는 공간이다. 요컨대 자동차가 지나가는 소리, 지나가는 행인들의 소리, 날씨에 따라 비 오는 소리, 바람부는 소리들이 외부 소음에 속한다.

무엇보다 관객과 가까운 거리에서 연기를 해야 하는 우주마인드프로젝트의 작품 특성상, 배우의 입이 아닌 스피커를 통해 전달되는 소리는 부자연스럽다는 감각을 자아낼 수밖에 없었다. 이후 이들은 가급적 마이크를 사용하지 않고 공연을 진행하고 있다.[33]

배우들의 육성 외에도 이들의 공연에서 악기 연주는 중요한 소리를 담당한다. 두 배우는 기타, 아코디언, 피아노, 때로는 리듬악기와 같은

---

32 김승언 배우는 인터뷰에서 다음과 같이 이야기했다. "알고 시작했다기보다는 하다 보니까 우리도 어렴풋이 추구했다는 것이 확인된 부분인데, 이왕 야외에서 나가서 무언가를 하고 있는데 야외에서 들릴법한 소리가 아닌 다른 것으로 이 공간을 지배해버리는 식이 되면 조금 재미 없어지지 않을까, 그런 생각이 많이 들었어요. 관객에게 직접 건네는 말이 많은데 이걸 스피커를 통해서 전달되었을 때와 정말 눈앞에 보이는 저 사람의 입에서 나오는 소리로 전달이 되었을 때 감각이 다르지 않을까. 그게 중요한 지점이었고 고집을 피우다 보니까 확신도 좀 생기고요."

33 물론 외부에서 공연을 하다 보면, 마이크가 없기 때문에 생기는 문제들도 있다. 공연 장소가 너무 넓고 탁 트인 경우라면, 마이크 없이 공연을 하기 위해서 더 큰 소리를 내지르거나 세밀한 연기 포인트들을 포기하고 진행해야 하는 경우들이 발생한다.

〈아담스 미스〉 공연 ©조성아

것들을 공연에 활용한다. 흔히 작품에 활용되는 배경음악은 녹음된 소리들을 활용하는 것이 일반적이지만, 앞선 맥락에서 이런 소리들은 거리라는 공간에 어울리지 않는 부자연스러운 것이 된다. 따라서 두 배우는 가급적 악기들을 현장에서 직접 연주함으로써 스피커라는 인공물을 거치지 않고 자연 그대로 관객들에게 전달하는 방식을 선택한다.

전통적인 극장에서 외부환경의 소음과 자극은 공연의 진행을 방해하는 요소로 작용한다. 하지만 우주마인드프로젝트의 경우 이런 외부환경을 적극적으로 연기에 활용하는 것을 선택했다. 햇빛, 바람, 거리의 소음과 같은 요소들은 배우들의 연기와 상호작용하며 극장에는 존재하지 않았던 '흐름'을 만들어냈고 이는 '탈극장'의 중요한 축을 구성한다.

5. 나오며

공간을 구성하는 요소는 여러 가지가 있다. 전통적이고 폐쇄적인 극장은 그 요소가 상대적으로 단조로운 것에 비해 열린 공간인 '거리'는 다양한 요소들이 언급될 수 있는데, 해당 공간의 물리적인 형태에서부터 소리와 빛을 포함한 외부 자극이 그에 포함된다. 우주마인드프로젝트의 작품과 연기 미학은 이러한 '거리'의 요소들에 대한 고민으로부터 출발한다. 극장과 거리, 혹은 그 사이의 공간들에서 '서민경제 3부작'을 공연해온 과정은 해당 고민에 대한 답을 찾아가는 과정이기도 했다.

우주마인드프로젝트의 작품들은 관객의 집중력을 긴 시간 유지시킬 수 없기 때문에 짧은 장면들로 구성된 일종의 콜라주 형태를 취하고 있다. 배우들은 필연적으로 여러 배역을 오가야 하고 이 과정을 관객들과 온전히 공유해야 하는 상황에 처한다. 따라서 두 배우는 전통적인 연기의 관점에서 벗어나 일종의 역할 놀이의 개념을 연기의 전제로 삼는다. 극중인물의 전사나 세밀한 감정 변화를 연기하는 대신 배역 전환 기술 자체에 방점을 둔다. 아울러 공연이 이루어지는 공간의 지형지물과 외부 자극은 극장의 조명과 무대장치를 대신해주는 요소들로 작용한다. 두 배우는 이를 적극적으로 활용하여 장면을 만들어 나간다.

무엇보다 이들의 연기는 배우와 관객이 현존하는 주체로 만나는 순간을 적극적으로 활용한다. 자본주의 시대 노동의 의미에 대해 탐구하는 '서민경제 3부작'은 배우의 몸은 곧 작품 속 노동하는 몸이자 지금 여기에 존재하는 노동하는 몸들을 대변한다. 청계천에서 이루어졌던 공연에 대해 관객들이 열렬한 호응을 보여준 것은, 노동의 일상으로부터 잠시 떨어져 나온 관객과 노동하는 배우가 현존하는 주체들로서 만났기에 가능한 일이었다.

글의 서두에서 밝혔듯 거리극의 범주는 굉장히 다양하다. 일례로 거리예술축제 참여팀의 면면만 보더라도 해당 장르가 '거리'를 공유하는 것 외에 별다른 공통점이 감지되지 않는 지점도 존재한다.[34] 따라서 본 연구는 '거리극 공연의 연기 형식'에 대한 연구를 내세우고 있지만 태생적으로 한계를 가질 수밖에 없으며 사례연구에 그칠 수밖에 없다. 다만 우주마인드프로젝트의 사례를 통해 '거리'라는 공간적 특징과 배우 연기의 변화 지점을 정리함으로써 향후 거리극 연구에 있어 참고점을 제공해줄 수 있으리라 기대해본다.

---

34 거리극에 대한 선행연구들은 거리극이 "서커스, 퍼레이드, 마술, 조형예술, 설치미술, 설화 구연, 영상물, 광대놀음, 인형극, 퍼포먼스 등 다양한 예술활동과 교류"한다고 설명한다.(이화원, 「'거리극'에 대한 공연학적 연구」, 218쪽) 이는 거리극 창작자마다 다양한 형태의 예술을 선보이고 있음을 방증한다.

논문에서 참고한 우주마인드프로젝트의 공연 정보

작품	공연일정	장소	기타
잡온론	2017/05/05, 07	안산문화광장	안산거리극축제
	2017/05/20, 21	서울숲	2017 거리예술시즌제
	2017/05/27, 28	보라매공원	2017 거리예술시즌제
	2017/05/31~06/04	만리동예술인주택	
스피드. 잡스 : 질풍노동의 시대 (이하 스피드. 잡스)	2017/07/21, 22	상암 월드컵경기장	2017 프린지 페스티벌
잡온론	2017/08/25, 26	문화비축기지	2017거리예술마켓
스피드. 잡스	2017/09/16, 17	DDP어울림광장	2017 거리예술시즌제
	2017/09/22~24	서울로7017	2017 거리예술시즌제
잡온론	2017/10/05, 07	서울도서관 뒤	2017 서울거리예술축제
아담스 미스	2017/10/19~22	문화비축기지	문화비축기지 2017 개원 및 하반기 프로그램 공모 선정작
	2018/04/18~22	마로니에공원 야외공연장	
잡온론	2018/05/03,06,07	고잔역 옆 철로 아래	안산국제거리극축제
아담스 미스	2018/05/19~20, 26~27	서울로7017	2018 거리예술시즌제
	2018/06/02, 03	DDP어울림광장	
잡온론	2018/06/25	대전	
아담스 미스	2018/07/24~28	마로니에공원	페미니즘연극제
	2018/08/15~17	프린지	
	2018/08/31, 09/01	문화비축기지	2018 거리예술마켓
잡온론	2018/09/08, 09	수성못 거리예술무대R	수성못페스티벌
	2018/09/28~30	광주acc 민주평화교류원 계단앞	acc광주프린지인터내셔널 2018

아담스 미스	2018/10/04, 07	돈의문박물관마을	서울거리예술축제2018,
잡온론	2018/10/05		2018 부산거리춤축전
아담스 미스	2018/10/09		2018팸스초이스 쇼케이스
잡온론	2019/04/27	가평문화창작공간 얼쑤공장	
	2019/05/04, 05	포항 해안도로	제 2회 포항거리예술축제
잡온론	2019/05/14	LH푸른숲10단지아파트	2019신나는예술여행
	2019/05/17	안산역	2019신나는예술여행
	2019/05/18	마로니에공원	2019대학로거리공연축제
	2019/05/19	은평구 상림마을작은도서관	2019신나는예술여행
스피드. 잡스	2019/05/27~31	청계천 광통교 아래	
	2019.06/04~06	서울연극센터 아카데미룸	
서민경제 3부작	2019/06/08, 09	소나무길, 아르코미술관(계단)	제37회 대한민국연극제
잡온론	2019/09/01	오거리문화센터	목포세계마당페스티벌
스피드. 잡스	2019/09/14	서울숲	2019 거리예술시즌제
잡온론	2019/09/20	태화강국가정원	2019 울산프롬나드페스티벌
	2019/09/28	과천시민회관	제23회과천축제
스피드. 잡스	2019/10/12, 13	서울로7017 장미무대/목련무대	2019 거리예술시즌제
아담스 미스	2019/10/19, 20	광주 민주정보교류원	
	2019/11/15, 16	마로니에공원	종로구우수연극전
서민경제 3부작	2019/12/06~15	연우무대	프로파간다
스피드. 잡스	2019/12/20	가평문화창작공간 얼쑤공장	
	2021/11/02	광주 예린소극장	2021 광주소극장축제

참고문헌

1. 1차 자료

김승언, 신문영 배우 인터뷰(2021년 12월 21일 화요일 오전 10시 30분, 온라인 줌 진행)우주마인드프로젝트, 『〈잡온론〉(2021) 공연 대본』
우주마인드프로젝트, 『〈스피드. 잡스 : 질풍노동의 시대〉(2021) 공연 대본』
우주마인드프로젝트, 『〈아담스 미스〉(2021) 공연 대본』
우주마인드프로젝트 공연 사진

2. 2차 자료

구희서 편, 『까페 떼아뜨르』, 한국무대미술가협회, 1998.
김동원, 『미수의 커튼콜』, 태학사, 2003.
김미지, 「연극수다, 우주마인드프로젝트 서민경제 3부작」, 『한국연극』, 한국연극협회, 2020년 1월호.
김은서, 「[리뷰] NEWStage 선정작 〈아임-언-아티스트〉 : 집의 주인은 누구인가?」, 『독립예술웹진 인디언밥』, 2017.02.08.
김태희, 「극장 밖으로, 삶으로」, 『웹진 연극인』, 서울연극센터, 2017.
──────, 「1960~1970년대 극장 개념의 분화와 공간의 정치성 연구」, 고려대학교 박사학위논문, 2020.
──────, 「전염병 시대, 우리가 잃어버린 것들을 위해」, 『한국연극』, 2020년 12월호.
남지수, 「신자유주의 시대를 성찰하는 다큐멘터리 연극과 연극인-자본론을 호명하는 연극작업을 중심으로」, 『드라마연구』 64, 한국드라마학회, 2021.
안재범, 「연기개념의 '포스트'적 변환에 관한 고찰」, 『한국극예술연구』 46, 한국극예술학회, 2014.

요한 하위징아, 『호모루덴스』, 이종인 역, 연암서가, 2010.

이신영, 「몸성의 강화를 통한 일인다역에 관한 연구」, 『드라마연구』 49, 한국드라마학회, 2016.

이은경, 「한국의 거리극 연구」, 『드라마연구』 34, 드라마학회, 2011.

이화원, 「프랑스 거리극 연구 – 유형별 공연과 축제의 특성 및 의의」, 『연극교육연구』 6, 한국연극교육학회, 2000.

――――, 「'거리극'에 대한 공연학적 연구」, 『한국연극학』 31, 한국연극학회, 2007.

전통연희 기반 역할 형상화에 관한 연구

: 마당극패 우금치를 중심으로

이화원

전통연희 기반 역할 형상화에 관한 연구

마당극패 우금치를 중심으로

1. 들어가는 글

연기에 있어 연기자들은 맡은 배역을 구현하기 위하여 많은 노력을 기울인다. 이 과정에 있어 다양한 선택이 전제가 된다. 공연 대본의 사조 및 장르적 성격과 그 대본을 공연화하는 데 있어 연출 및 공연진의 미학적 선택이 무엇보다 우선적이다. 이러한 사항들을 고려하여 연기자들은 본인의 배역에 접근하기 시작한다. 익히 알려진 대로 러시아의 콘스탄틴 세르게예비치 스타니슬랍스키는 수십 년간의 탐구와 실습을 거쳐 배우의 기본적인 훈련 방법뿐 아니라 배우의 역할 창조 및 형상화에 대한 체계적인 작업 방식을 제안한 바 있다. 그에 이어 지난 세기 대표적인 연기 훈련가들인 리 스트라스버그, 스텔라 아들러, 미하엘 체호프, 샌포드 마이즈너 등에 의하여 다양한 접근 방법이 소개되어왔다. 20세기에 체계화되기 시작한 연기 방법론에 있어 진일보한 위 성과들은 대부분 현실의 모방적 재현을 기반으로 하는 연극을 대상으로 하고 있다. 오늘날 연극 무대에서뿐 아니라 TV 드라마나 영화에서도 볼 수 있는 연기의 양상은 대부분 이러한 재현적 미학을 기반으로 하고 있음이 사실이다. 그럼에도 연극이 최초로 공연되기 시작한 이래 수천 년간 동서양에서 인류가 구현해온 연극을 돌이켜 볼 때 무대 위에서의 모방적 재현(representation)을 기반으로 하는 연극과, 현장에서의 놀이적 현존(presentation)을 기반으로 하는 연극으로 크게 나누어볼 수 있다. 연극의 시원에서 공통적으로 드러나는 후자 유형의 연극의 비중은, 20세기 전반 탈사실주의의 양상이 예술의 모든 영역에서 대두되기 시작하면서 점차 확대되어왔다. 메이어홀드와 그로토프스키, 자크 르콕, 앤 보가트 등에 의하여 반성적으로 고찰되고 대안적 방법론으로 제안되기 시작한 신체 표현 중심의 연기 방법론들은 후자 유형의 연극에 있어 기반이 되어왔다. 연극의 역사상 최초로 전문적 연극인을 양성하기 시작한 16세기 이탈리아의 코메디아 델 아르테의 연기 방법론이 그들에게 영감의 원천이 되기도 하였다.

이러한 놀이적 현존으로서의 연극은 최근 무대 공간 위에서도 다양하게 시도되고 왔지만, 특히 일상의 공간에서 불현듯 전개되는 '거리극' 혹은 우리 전통연희의 미학에서 출발한 '마당극' 또는 '마당놀이' 유형의 공연들에서 두드러지게 활용되고 있다. 마당극 1세대를 이끌었던 연출가 임진택과 채희완은 공동집필한 논문 「마당극에서 마당굿으로」[1]

---

1   채희완·임진택, 「마당극에서 마당굿으로」, 김윤수·백낙청·염무웅 편, 『한국문학의 현단계』, 창작과 비평사, 1982, 203~205쪽.

에서 마당극이 단독 공연이라기보다는 공동체의 축제나 축제적 기운을 가지는 집회로서의 성격을 가지고 있음을 역설한다. 이는 마당극이 공동체의 일상에서 가장 첨예한 관심사를 다루어내면서 그것을 풀어내고 초극할 수 있는 장으로서 기능함을 말한다. 이에 근거하여 위의 글에서는 마당극의 특성을 '상황적 진실성', '현장적 운동성', '집단적 신명성', '민중적 전형성'의 네 가지 개념으로 압축하여 설명하고 있다.[2] 마당극은 위와 같은 원리에 기반하여 오늘에 이르는 과정에서 부침을 겪으며, 넓은 의미로는 마당놀이를 포괄하며 전문적인 공연으로서 관객과의 보다 넓은 소통을 모색하고 있다. 연기와 역할의 형상화 과정에 있어 기존에 널리 알려진 사실적 재현 기반의 연기 양상과는 여러 가지 면에서 차별화되지만, 그에 대한 학술적 연구나 실제적 방법론이 체계적으로 보편화 되어 있지는 않은 상황이다.

이 글에서는 오늘의 연기론과 연기 훈련에서 그 중요도에 비하여 전

2　상황적 진실성은 마당극을 공연하는 데에 있어 공연의 맥락이 되는, 공동체 집단의 사회적 상황의 문제들을 진실 되게 다루어야 함을 말하고, 현장적 운동성은 공연의 성과가 공동체의 일과 삶의 현장에 역동적 기능을 담당하여야 함을 뜻한다. 위에서 언급한 바 마당극의 공동체 축제적 성격을 풀이하고 있는 개념들이다. 이는 과거 마을굿이나 대동굿의 의미와 기능을 회고해 볼 때 이해가 용이하다. 집단적 신명성 역시 이러한 맥락에서 쉽게 이해될 수 있다. 공연을 지켜보면서 관객들은 축제가 제공하는 집단적 'trans'의 체험을 하게 되는 것이다. 공동체의 집단을 관중으로 하기 때문에 마당극의 등장인물들은 대개 민중에서 보편적으로 발견되는 전형적 인물들을 다루게 된다. 마당극의 구성, 인물들의 특성, 대사 활용의 특성, 장면 연출 상의 특성 등은 이상 네 가지 본질적인 특성에 기초하여 자연스럽게 구축된다.

문적인 연구 및 소개가 부족한 이 분야에 있어, 전통연희 기반 공연으로 범위를 정한다. 이어 기본 훈련에서부터 역할 형상화의 과정에 이르기까지, 마당극패 우금치의 공연 〈적벽대전(赤碧大田)〉[3]을 중심으로 조심스러운 접근을 시도해보고자 한다.

2. 배우 훈련

우리나라에서는 오랜 역사에 걸쳐 다양한 연극적 연희들이 발전되어 왔다. 주지하듯 한국의 연극 전통은 서구와 마찬가지로 각 왕조의 제의식에 주로 뿌리를 두고 있다. 주로 가을의 수확 후 하늘에 대한 감사를 전하는 제천의식들로부터 유래하여, 극적인 플롯과 음악과 연기가 서로 교차하여 전개되는 세속적인 공연의 여러 형태들로 발전한다. 이러한 공연들로서, 산대라는 커다란 무대에서 공연되는 산대희, 가면극인 탈춤, 일종의 모노 오페라인 판소리, 인형극인 꼭두각시놀음 등을 꼽을 수 있다. 이처럼 그 원형이 국가무형문화재로 보존되고 있는 공연들에서는, 지정된 허구의 대본에 따른 배우의 연기로서 관객들과 소통하는 연극적 양상이 다양하게 대두되고 있다.

우리나라의 전통연희 기반 역할 연기를 위하여 공통적으로 고려되는

---

3   류기형 연출, 대전근현대사전시관 특설무대, 2020년 10월 23일 초연.

기본적인 요소들을 살펴보기로 한다. 이에 있어 지난 30년간 전통연희 훈련을 기반으로 하여 마당극 창작과 공연에 전념해온 마당극패 우금치의 배우들의 훈련 과정을 주로 참조하였다.[4]

2.1. 장단

우리 전통연희에 있어 모든 공연에 '악(樂)'의 연주가 빠지지 않는다. 굿판이나 탈춤판에서는 특히 삼현육각으로 알려지는 악기 구성으로 향피리 2, 대금, 해금, 장구, 북 등이 적절하게 조합되어 6인조로 연주되는 경우가 일반적이다. 송파산대놀이, 봉산탈춤, 강령탈춤에서 대개 이처럼 연주되지만, 경우에 따라 악기 종류나 편성 인원이 달라지기도 한다. 진도씻김굿의 경우 피리, 가야금, 아쟁, 징, 북으로, 은율탈춤의 경우, 피리, 해금, 장구로, 양주별산대놀이에서는 피리, 해금, 대금, 장구로 편성된다. 풍물 연주에 있어서는 북, 장구, 꽹과리, 징의 네 가지 악기인 사물 외에도 나발, 태평소, 소고 등이 활용된다.

서양의 음악과는 차별화되는 우리의 악에 있어 3분박 장단이 주를 이룬다. 중국이나 일본과도 다른, 우리 음악 고유의 현상이라고 한다. 3분

---

4   이하 인용의 순에 따라, 경계없는예술아카데미 #18 '전통연희 기반 마당극 연기'에서 진행된 마당극패 우금치의 김연표 배우의 특강 (2022년 1월 7일, 10일, 14일, 17일, 19일, 21일) 및 김황식 배우의 특강(1월 24일, 26일), 그리고 2021년 11월 4일 상명대학교 연극전공 '연기론' 교과에서 진행된 같은 단체 성장순 배우의 특강을 기반으로 기술되었음을 밝혀둔다.

박 외에도 보다 빠른 연주에 2분박 혹은 때로 1분박 장단이 사용되기도 한다. 우리나라 연희에 있어 장단은, 연희자의 움직임, 언어 구사, 동선 뿐 아니라 장면 및 상황의 분위기, 그리고 수행되어야 할 행동에 있어 기본적인 기준을 제시해준다.

탈춤, 꼭두각시놀음, 풍물 그리고 판소리 등 우리의 전통 민속 연희에서 널리 사용되어왔고, 오늘날의 창작 연희에서 활용되어온 주요 장단들을 소개해보면 다음과 같다.

① 일채 ; 점점 빠르게 연주되는 기본적인 1분박 장단
새로운 상황이 개시될 때에는 점점 크게, 이전의 상황이 종료될 때 점점 작게 연주되며 사용된다.

② 이채 ; 빠른 2분박 장단
휘모리라고도 불리며, 풍물 연주의 경우 거의 마지막 단계에 치게 되는 경우가 많다. 흥을 돋구거나 긴박함을 표현할 때 활용된다.
구음으로는 덩, 덩, 궁더, 쿵으로 표기된다.

③ 삼채 ; 기본적으로 가장 많이 쓰이는 3분박 4박 장단
자진모리 장단이라 하기도 하며, 변용되어 사용되는 경우가 많으며 재미있고 신나게 능청거리며 노는 장면들에 어울린다. 4박째를 흥겹고 탄력있게 연주해야 한다.
구음으로는 덩, 덩, 덩더, 쿵덕(따)로 표기된다.

④ 굿거리 : 보편적인 3분박 4박 장단
비교적 느린 장단으로 중중모리와 같은 박자 체계를 가진다. 소리나 춤, 그리고 지역별로 탈춤에 수반되어 활용된다. 끝부분에서 대개 청

중이 추임새를 넣어 연희자에게 여유를 주며 소통한다.

구음으로는 1) 덩기덕, 쿵더러러러러, 덩기덕, 쿵더러러러 2) 덩기덕, 쿵더러러러, 덩기덕, 쿵덕(따)의 두 가지로 표기된다.

⑤ 세마치 : 3분박 3박 장단

민요 아리랑의 반주 장단으로 사용되며 특유의 리듬감으로 흥겹고 탄력있게 마무리 한다.

구음으로는 덩, 덩더, 쿵덕(따)로 표기한다.

⑥ 오방진 : 2분박 4박 장단

휘모리와 같은 박의 구성으로서 비교적 호흡이 위에 있어 신나는 느낌과 긴장감을 준다. 긴하게 모의를 하거나 비밀 이야기 등을 하는 장면에 어울린다.

구음으로는 1) 덩, 덩, 덩덩, 따따 / 더더덩, 더더덩, 덩덩, 따따 2) 덩더더, 덩더더, 덩덩, 따따 / 더덩덩, 더더덩, 덩덩, 따따의 두가지 형태로 표기된다.

⑦ 진오방진 : 2분박 4박 장단

단모리 장단으로 불리기도 하며, 이채의 두번째 단락이 앞으로 들어가 이채보다 빠르며, 주로 이채 뒤에 붙는다. 굉장히 빠른 장단으로서 대혼란, 급박할 때, 긴박할 때, 잔걸음 등에 활용된다.

구음으로는 덩더더, 쿵더쿵 / 더쿠궁더, 쿵더쿵이 된다.

⑧ 별달거리 : 기본적인 2분박 4박 장단

장단 앞뒤에 구호나 말로 된 대사인 비나리와 함께 하는 유일한 장단이다. 신나게 여럿이 한목소리로 외치며 마무리에는 어미를 올린다. 이채, 휘모리와 같은 2분박 4박 장단을 변형시켜 구성된다.

구음은 덩, 덩, 쿵더, 쿵 / 쿵더쿵, 더, 쿵더, 쿵 / 쿵더, 쿵, 쿵더, 쿵 /

쿵더, 쿵 더, 쿵더, 쿵의 네 마디로 표기된다.

비나리로서는 장단 연주 전 "별따세 별따세 하늘에 올라 별따세" 외친 후 장단 연주 후 상쇠의 신호에 따라 다음과 같이 공연진이 함께 외치며 진행한다.

하늘보고 별을 따고 땅을 보고 농사짓고 / 올해도 대풍이요, 내년에도 풍년일세 / 달아 달아 밝은 달아 대낮같이 밝은 달아 / 어둠 속에 불빛이 우리 내를 비 춰 주 네

⑨ 엇모리 ; 엇박자로 3분박과 2분박이 혼합된 10박 장단
칠채로 불리는 장단과 유사한 장단으로서 긴장감을 표현해야 하거나 전쟁을 표현해야 할 때 사용된다. 신묘한 인물의 등장 시에 사용되기도 한다.
구음은 덩 궁, 딱, 궁 딱, 궁으로 표기된다.

⑩ 타령 : 3분박 4박의 장단
궁중 의례 및 민간 풍류와 굿이나 가면극 연행에서 주로 사용되는 장단으로서 등장인물이나 극적 상황에 따라 속도를 변화하여 연주된다.
구음으로는 덩, 기덕 덕, 쿵 기덕, 덕 / 덩, 기덕 덕, 덩 기덕, 쿵 / 덩, 더, 쿵 기덕, 덕 등으로 표기된다.

이 장단들을 빠르기로 비교해보면, 중모리보다 두 배 빠른 것이 굿거리(중중모리와 같은 빠르기임), 굿거리보다 두 배 빠른 것이 자진모리, 그리고 그보다 두 배 빠른 것이 휘모리이다. 같은 장단이라도 느리게 치면 느린 굿거리, 빠르게 치면 자진 굿거리인데 이것은 또 느린 자진모리랑 같은 속도로 느껴질 수 있다. 굿거리 장단의 경우 흥겹게 진행하고자 하면 좀 더 빠르게 치고, 좀 애잔하게 진행하고자 하면 느리게 친다.

판소리에서는 주로 중모리, 중중모리, 진양, 휘모리, 자진모리, 엇모리, 엇중모리 등이 사용되고, 풍물 연주에 있어서는 일채, 휘모리, 자진모리, 굿거리, 오방진, 진오방진, 칠채, 육채, 별달거리 등이 주로 사용되어왔다. 탈춤에서는 굿거리, 타령 장단 등이 주로 활용되고 세마치는 주로 민요에 활용된다.

이러한 대표적인 장단들은 전통연희뿐 아니라 1970년대 이후 대두된 우리 마당극 및 마당놀이 공연들에도 활용되어왔다. 연희되는 장면의 특징이나 등장인물의 성격적 특징 혹은 극적 상황 및 요구되는 행동에 따라 선택적으로 사용되는 것이다. 장단과 연기가 대부분 함께한다는 점에서 우리 전통연희 기반 연기와 서구의 공연 및 연기와는 차별화된다. 장단의 특성은 장면의 분위기 창출 및 배우의 움직임 및 대사 구현과 적극적인 상호작용을 하게 된다. 오늘의 마당극에서는 작품의 소재와 시대적 배경에 따라 현대적인 악기들과 음악이 활용되는 빈도가 높아지고 있다. 공통적인 특징은 공연에 있어 배우들의 움직임, 대사, 가무들에 음악이 적극

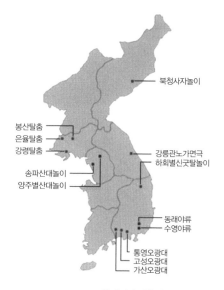

우리나라 탈춤의 각 지역별 분포
(이미지 출처 © Andong.net)

적으로 수반되고 있다는 것이다. 따라서 기본 장단을 익히는 과정은 배우 훈련의 기본 과정이 된다.

2.2. 움직임

우리 전통연희 공연들 중 '창' 중심으로 이루어지는 판소리 공연에 있어서도 소리꾼의 소리뿐 아니라, 몸짓과 움직임으로 구성되는 '너름새'의 경우 역시 고수의 장단에 맞추어 수행된다. 연희자의 움직임에 있어 몸의 '중심'을 어디에 두는지가 관건이 된다. 연희자는 몸의 중심을 단전에 두고, 땅을 밟듯 무릎 뒤쪽의 오금을 내리고 또 올리며 이루어지는 '오금질' 혹은 '굴신'을 기본적으로 수행하게 된다. 오금질은 오금 아래로 굴신하는 '내림 오금'과 오금을 펴주는 '올림 오금'으로 구분된다. 내림 오금 시에는 날숨, 그리고 올림 오금 시에는 들숨을 쉰다. 이어지는 장단에 따라 오금질이 끊이지 않고 자연스럽게 이어질 수 있어야 한다.

장단과 함께하는 오금질로부터 기본적인 걸음걸이 훈련이 이루어진다. 들숨에 한쪽 다리를 들었다가 날숨에 다리를 다시 붙이고 오금을 내려주는 기본 동작으로부터, 전진하기 위하여 다리를 들었다가 앞으로 놓고 이동하며 날숨에 다른 다리를 붙이고 오금을 내려준다. 굿거리 장단, 이채, 삼채 장단들 모두와 함께 할 수 있는 기본적인 움직임이다. 이러한 움직임의 기본에 이어, 전해져 내려오는 탈춤의 동작들을 연마해봄으로써 역할별 신체 표현에 활용할 수 있다.

봉산탈춤의 경우, 한쪽 팔씩 공중에서 말아주는 외사위와 함께 이루어지는 황소걸음이 기본이 된다. 황해도 지방에서 전승되어온 봉산탈춤의 경우 춤사위가 활기차고 씩씩하여 대륙적인 맛이 있다. 한쪽 팔씩 공중에서 말아주는 외사위와 함께 이루어지는 황소걸음을 기본으로 하여, 팔목춤의 외사위, 곱(겹)사위, 양사위, 민사위, 취발이의 깨끼춤(깨끼리춤), 말뚝이의 두어춤(양반들을 돼지우리 속에 몰아 넣는다고 해서 붙여진 이름), 미얄궁둥이춤, 까치걸음, 팔목중의 못동춤 등이 있다.

한편 고성오광대놀음의 경우, 기본적인 투스텝의 까치채 및 투스텝으로 뛰면서 이루어지는 뜀 사위 그리고 뛰면서 뒤로 내딛는 한발을 박자에 따라 바닥에 찍어주며 앞발까지 이동하는 내림 사위 등으로 차별화된다. 그 밖에 4박 장단에 맞추어 왼발 앞꿈치 힘으로 한 바퀴 돌고 오른발 뒤꿈치 힘으로 마무리하며 연속 시행하는 연풍대도 흥미로운 이동을 가능하도록 한다.

통영오광대놀음의 경우 3분박 총 12박 기본 걸음이 독특하다. 한 발을 내딛고 다음 발로 모은 뒤 다시 한발을 공중으로 내딛다가 9박째에 공중에서 찍어준 후 내려준다. 다른 발을 내딛으며 다시 걸음걸이를 이어나간다.

양주별산대놀이는 다양한 배역과 상황에 따라 응용이 용이한 동작들을 다채롭게 제시해준다. 다른 지역의 탈춤들보다 춤사위가 가장 분화되어 발전되어 있고, 몸짓과 동작도 연극적 약속이 가장 잘 나타나 있는 것으로 평가되고 있다. 양주별산대의 춤사위는 크게 4박의 타령장단에 추는 깨끼춤과, 3분박 6박 염불장단에 추는 거드름춤으로 나뉜다.

깨끼춤에는 깨끼, 허리잡이, 목잡이, 취발이까치걸음, 양반까치걸음, 빗사위걸음, 짐거리걸음, 원숭이걸음, 두루치기걸음, 멍석바리, 고개잡이, 여다지, 깨기리, 자라춤, 어깨춤, 맞춤이 있다. 또한 거드름춤에는 팔뚝잡이, 사방치기, 활개펴기, 용트름, 꿀덕이, 합장재배, 복무, 너울질, 부채놀이, 돌단춤이 있다.

이상의 춤사위에서 제시되는 걸음걸이나 춤동작들은 특정한 인물 창조 및 상황에 따른 신체 표현에 적극 응용되고 활용될 수 있는 중요한 자산이 된다. 이러한 각 탈춤의 사위들은 고유한 '불림'을 외치며 개시되는 경우가 일반적이다. 장면들의 공연에 앞서 봉산탈춤의 경우 "낙양 동천 이화정", 고성오광대놀음의 경우 "산좋고 물좋고 얼씨구 좋다 청노새 청노새 청노새", 양주별산대놀이의 경우 "나비야 나비야 청산 가자 호랑나비야 너도 가자" 등 대표적인 불림을 목청껏 외치는 점도 특기할 만하다.

2.3. 탈

한편 전통연희 중 인물의 역할에 따른 대사와 나름의 극적 구성에 따른 행동들이 비교적 분명한 탈춤과 꼭두각시놀음의 경우 각 인물들은 각기 고유의 성격과 상황에 따른 '탈'을 쓰고 적절한 장단에 따른 움직임을 보여준다. 전통연희 기반 오늘의 마당극 공연에서는 필요에 따라 등장인물의 성격을 연구하여 새롭게 탈을 제작하여 활용하는 경우가 많다.

널리 알려진 대로 지역별로 조금씩 다르게 발전되어온 탈춤들 중 가장 유명한 봉산탈춤의 경우 주로 종이와 바가지를 사용하며, 헝겊, 털, 가죽, 흙, 대나무 등의 재료도 함께 사용된다. 봉산탈의 종류는 다음의 총 26개로 알려져 있다 : 1) 상좌 4개, 2) 목중 8개, 3) 거사 6개(목중탈을 겸용), 4) 노장, 5) 소무, 6) 신장수, 7) 원숭이, 8) 취발이, 9) 맏양반(샌님), 10) 둘째양반(서방님), 11) 셋째양반(종가집도련님), 12) 말뚝이, 13) 영감, 14) 미얄, 15) 덜머리집, 16) 남강노인, 17) 무당(소무탈 겸용), 18) 사자.

그 밖에 다른 지역의 탈춤에 있어서 재질과 종류에 있어 다소 차이는 있으나 기본 구성에 있어서는 유사성을 보인다. 한편 공연 중 대사의 유무에 따라 말이 없는 소무, 상좌, 노장, 원숭이 등 인물들의 탈의 입이 막혀 있고, 대사가 있는 말뚝이나 취발이, 산할아비 등 인물들의 입이 크게 뚫려 있어 무언탈과 유언탈로 분류가 가능하다. 이상의 탈을 착용하여 전개되는 연희에 있어 연희자는 각 탈 별로, 전통적으로 내려오는 신체적인 표현과 움직임 및 춤을 구사하여 역할을 형상화하게 된다.

우리의 연희 전통에 기반을 두고 오늘날 창작되는 마당극의 경우, 오늘의 시사성을 담은 공연에 있어 새롭게 창조되는 인물들로 공연을 진행하는 것이 일반적이기에 그에 부합되는 새로운 탈들이 제작된다. 재료와 제작 과정에 있어, 전통에 기반을 두되 편의에 따라 다양한 방법이 활용되고 있다. 박탈, 한지탈, 소쿠리탈 등을 다양하게 제작하여 쓰는데, 최근에는 화공 약품이 잘 나와 변형, 고착, 보관 등이 용이하다. 얼굴에 석고 붕대 등을 사용하여 데드 마스크를 뜬 후 한지를 부착하여 탈을 만들면 착용감과 변형이 훨씬 용이하여 최근 자주 사용되고 있다.

연기자에게 있어 탈을 쓴다는 것은 고유의 의미와 기능을 지닌다. 서양의 16세기, 최초의 전문연희자들의 연극으로 알려진 이탈리아 코메디아 델 아르테의 경우에도, 각 역할에 부합되는 가면을 쓴 상태에서 대부분의 연기자가 연기를 수행한다.[5] 한국과 이탈리아의 가면극은 여러 가지 면에서 공통점과 차이점을 보인다. 그중 두드러진 차이점 중 하나는 우리 가면극에서 음악적 요소가 훨씬 큰 비중을 차지하고 있다는 점일 것이다. 서양의 초기 그리스·로마 연극에서도 음악 연주와 함께, 가면을 쓴 배우의 대사 구현 및 코러스의 가무 등이 어우러져 연행되는 사례를 엿볼 수 있다. 그러나 현재 당대의 연행에 대해서는 대부분 추정할 뿐 보존되어 있는 자료가 많지 않다. 우리나라의 사례처럼 다채로운 장단과 함께 하는 움직임과 탈로써 연희자가 특정 인물을 형상화해나가는 연기 방식이 고스란히 이어져 내려옴은 그 자체로 귀한 연극적 자산이다. 그럼에도 더욱 중요한 것은 그러한 연극의 전통이 오늘날의 연극 창작에 어떠한 영감과 자원을 제공하는가일 것이다. 근대 서양의 연기훈련가들에게 주목받고 다양한 배우 훈련에 응용되고 소개되어온 코메디아 델 아르테와는 달리, 우리의 탈춤을 비롯한 가면극 경우 원형대로의 보존이 더욱 중심이 되어온 것이 사실이다. 우리 전통연

---

5 주지하듯 우리 가면극에서는 전 배역이 모두 가면을 쓰지만, 코메디아 델 아르테에서는 젊은 남녀 배역인 인나모라토와 인나모라타의 경우 가면을 쓰지 않는 것으로 알려져 있다. 그 외의 배역들은 대개 배역에 맞는 고유의 가면을 쓰고 연기한다.

희의 소중한 자산이 앞으로 다양한 창작 연극에 있어, 배우 훈련의 한 방법으로서 체계화되어 더욱 보편적으로 활용되는 데에 이 글과 후속 연구가 일조할 수 있기를 기대해본다.

오늘의 마당극에 있어 모든 배역의 연기자가 모두 탈을 쓰고 연기하지만은 않는다. 그럼에도 불구하고 장단에 따라 탈을 쓰고 연기하였던 가면극의 전통을 이어 배우들은 외형적 신체 전체로서 역할을 형상화하게 된다. 사실주의 무대나 매체의 화면에서의 연기와는 차별화되는 놀이적 현존의 연기를 구현하게 되는 것이다. 메이어홀드의 연기 방법론에서도 가면을 배우 신체 전체로 확대하여 구현하는 연기 방식을 '엠플로이'라는 개념으로 설정하고 제안한 바 있다. 움직임의 양태와 연희의 맥락은 다르지만, 우리의 전통연희 기반 오늘의 연기에 있어서도 탈을 쓰던 쓰지 않던, 배우는 몸 전체로 역할의 특성을 구현하는 엠플로이의 연기를 펼쳐 보이게 된다.

2.4. 동선

성격에 부합되는 탈과 움직임 및 그와 상응하는 장단에 따라 관객들 앞에서 연기를 펼쳐 보이는 우리 전통연희의 경우, 연희 공간의 조건이 서양식 프로시니엄 무대와는 큰 차이가 있다. 대개는 관객이 연희 공간을 둥글게 에워싸고 관람하는 가운데 공연이 진행된다. 원형의 연희 공간 한편으로 악사들이 자리하고 연희자들이 공간으로 들고 나며 공연이 진행된다. 따라서 연기자는 맡은 배역을 형상화하고 상대 배역과 호흡을 맞추며, 관객들에게 배역의 의미와 기능을 전달하며 소통함에 있어 공간적 고려가 필수적이다.

원형의 공간 안에서 연기하는 경우가 일반적이기에 배우들의 등퇴장이나 움직임이 극대화 되는 경우, 원형의 동선이 기본이 된다. 이에 있어 다음의 세 가지 유형의 동선이 특기할 만하다.

1) 원진 : 원을 그리며 왼쪽 방향으로 돈다.
2) 태극진 : 태극 문양으로 돈다.
3) 달팽이진 : 크게 원을 그리며 가운데로 몰려 들어가며 에너지를 모았다가 다시 푼다.
- 오방진 : 사방과 중앙의 오방에서 달팽이진으로 돈다.
- 방울진 : 양쪽 끝 두 개의 방울에서 달팽이진으로 돈다.

그뿐 아니라 다음 동선들에서는 다수의 연희자들이 이열로 이동한다.

1) 이열진(나눔진) : 이열로 나뉘어 이동한다.
2) 가새치기 : 양편에서 마주 보며 출발하여 왼쪽 어깨로 마주치며 엇갈려 전진한다.
3) 미지기진 : 양편이 마주 보다가 한편으로 밀며 전진한다.

위에 정리해본 동선의 구도들은 오늘의 창작 연극에서 특히 군중 장면이나 춤이 사용될 때 효율적으로 참조 및 활용될 수 있다. 공간 안에서 이처럼 크게 이동하지 않는 경우에도 연기자들은 사방의 관객들을 고려하며 움직여야 한다. 신체의 정면뿐만 아니라 측면 혹은 후면까지도 관객들의 시선에 고스란히 노출되는 가운데 연기를 진행해야 하는 것이다. 이에 따라 매 순간 섬세한 동선, 시선 및 몸의 방향 등을 고려해야 한다. 다양한 방향에서 배우들을 바라보는 관객들과 고루 소통해야 하는 것이다.[6] 한 인물의 연기에 있어 사방의 관객들에게 고루 소통될 수 있도록 사방으로 반복 증폭하여 같은 대사 및 신체 표현을 구사해주어야 할 필요도 대두된다.

전통연희 연기에서 고려해볼 요소들은 오늘의 전통연희 기반 창작 연극의 연기 훈련에 있어 효율적으로 고려되고 활용되고 있다. 물론 오늘의 마당극 공연은 현실로부터의 소재와 인물들이 활용되는 경우도 다수 있기에, 서구적인 오늘의 생활 환경과 인물들의 성격 등등을 반영하는 표현 방식이 모색된다. 악기의 구성에서도 신디사이저나 드럼 등 현대적인 악기 및 오늘의 음악을 사용하는 빈도가 늘어나고 있는 것도 사실이다. 또한 다양한 공간에서의 공연을 이어가다 보면 원형의 마당 공간 외에도 장방형의 야외 공간 혹은 실내 공간 및 프로시니엄 무대를 적절하게 활용하여 공연을 진행해야 하는 경우도 존재한다. 그럼에도 전통연희의 미학이 근간을 이루는 공연의 경우, 풍요로운 우리 전통연희의 유산은 다채롭게 활용될 수 있는 것이다. 이제 전통연희를 기반으로 창작되는 오늘날의 연극에 있어 역할 형상화의 실제에 대하여 고찰해본다.

---

6   임진택, 『민중연희의 창조』, 창작과비평사, 1990, 32~35쪽.

3. 역할 형상화

3.1. 기본 과정

대부분의 연극에서 모든 배우는 연기에 임하면서 자신의 캐릭터가 아닌 극 중 배역의 캐릭터를 구현하여야 하는 과제를 가지게 된다. 연기의 역사상 러시아의 스타니슬랍스키는 역할 형상화에 대하여 긴 탐구와 실습을 거친 것으로 유명하다. 그의 연구는 오늘날 몇 권의 저서에 기록되어 전해지고, 그로부터 영향을 받고 파생된 연기 훈련가들에 의하여 거듭 다루어지며 창조적으로 계승되어왔다. 대개 현실의 모방적 사실성을 추구하는 연기의 양식에 효율적으로 적용되어온 방법으로 간주된다.

스타니슬랍스키가 제안하고 실천했던 과정은 그의 저서[7] 내용을 따라, 배역의 외적인 상황 연구 → 외적인 상황에 인물 넣기 → 내적인 상황 만들기 → 내적 충동과 내적 행동 → 역할의 목표 → 역할에 대한 악보 → 내면의 톤 → 초목표와 관통 행동 → 초의식 → 신체적 구현 등으로 압축해 볼 수 있을 것이다. 스타니슬랍스키에게 영향을 받은 후대 연기 훈련가들은 본인의 연극관에 따라 위 과정 중 특정 과정을 더욱 우선시하거나 중요시하며 이견을 보이기도 하였다.[8] 그럼에도 인물의

---

7 스타니슬랍스키, 『역할창조』, 신은수 역, 예니, 2013, 6~14쪽.
8 주지하듯 스타니슬랍스키의 연기 훈련을 미국에서 널리 소개한 리 스트라스버

내적 상황과 내면의 충동 및 행동 등 심리적인 작업은 사실주의 연기에서 주요 과정을 이룬다. 사실주의 연극의 다양한 극적 플롯과 상황에 따라 다변화된 개성적 인물들은 각각의 경우에 대한 심화된 이해를 요구하기 때문이다.

반면 16세기 이탈리아 코메디아 델 아르테 기반 희극과 그를 이어온 희극들이나, 우리나라 전통연희 기반 연극에서는, 신분별, 직업별, 성별, 유형화된 인물들을 주축으로 전개되는 것이 일반적이다. 그리하여 각 유형에 부합되는 전통적인 가면 및 전래되어오는 신체적 표현법들과 그에 준하는 새로운 창작 탈과 움직임의 탐구를 기반으로 하여, 역할의 형상화를 발전시켜나가게 된다. 앞 장에서 살펴본 바대로, 우리 전통연희 기반 마당극의 경우, 전통 탈 외에도 작품과 인물에 부합되는 다양한 탈을 제작하여 역할 형상화의 기본 단계를 구성한다. 탈의 제작과 움직임에 수반되는 악의 사용 등의 경우, 배우 개인뿐 아니라, 연출, 대본작가, 혹은 같은 장면에 출연하는 다른 배우들과의 협의를 거쳐 결정하게 된다. 작품과 역할에 따라 탈을 착용하지 않는 경우도 있다. 그러한 경우에라도 배우는 몸 전체로 역할의 특성을 구현하는 '엠플로이'[9]의 연기를 펼쳐 보이게 된다. 외적인 형상과 그 움직임의 기본 틀을 설

그와 스텔라 아들러, 그리고 미하엘 체호프 등의 경우, 각기 정서적 기억에 의한 배우 자신의 내면적 작업, 작품의 주어진 여건, 배우의 상상 및 심리적 제스처를 통한 역할 구현을 보다 중요시하며 자신의 연기훈련방법론을 발전시켜갔다.
9   앨리슨 호지 편저, 『배우훈련』, 김민채 역, 도서출판 동인, 2010, 68쪽.

정하는 과정은 마당극 연기에서 가장 기본적인 과정이다. 각각의 역할 형상화에 있어, 몸의 중심, 자세, 움직임의 추진력 구사, 걸음걸이, 수 반되는 악에 따른 움직임의 템포와 리듬, 음성적 표현, 특정 습관적 제 스추어 등등이 탐구되고 적절하게 구현되어야 한다.[10] 이러한 역할 형상 화의 일련의 과정은 결국 마당판에서 관객과 적절히 만나고 어우러지 면서 완성되고 전달되는 것이므로, 관객의 위치와 공간의 특성에 따라 공간의 확장과 수렴 등을 고려하며 구현된다.

3.2. 연기의 사례

이제 공연 현장에서 우리 전통연희의 유산을 적극 훈련하고 활용하 여 다수의 마당극을 창작 발표해온 마당극패 우금치의 최근 공연작, 〈적벽대전〉의 예를 통하여 역할 형상화의 실제를 살펴보기로 한다. 이 공연은 한국전쟁 70주년을 맞아 당시 대전에서 벌어진 역사적 사건을 소재로 평화와 인권의 가치를 다룬 작품이다. 옛 충남도청사 앞 야외 공간을 활용하여 첫 공연이 이루어졌다. 한국전쟁 당시 대표적인 학살 사건인 산내 골령골 학살의 70주년을 기리며 공연된 것이다. 1부 프롤 로그에 이어 2부에서는 희생된 영혼들이 부유하듯 저승의 서천 꽃밭을 가기 위하여 '쑥부쟁이' 걸음을 배우다가, 도저히 잊혀지지 않는 과거로

---

10 이 부분은 특히 2022년 경계없는예술아카데미 #18 '전통연희 기반 마당극 연기' 에서 진행된 마당극패 우금치의 김황식 배우의 특강(1월 24일, 26일)을 참조했다.

되돌아 가는 장면이 전개된다. 3부에서는 일제강점기 말부터 6·25 전쟁까지 이어지는 장면들로서 해방 직전의 징병, 해방, 4·3 항쟁, 여순 사건, 보도연맹의 구금사건에 이어 대전 형무소의 골령골 학살사건이 다루어진다. 4부에서는 현충일 기념식을 계기로, 국가를 위해 죽은 이들과 대조되는 국가의 의하여 죽은 이들이 조속히 분노와 증오를 넘어 서천 꽃밭으로 가기를 기원하며 공연이 마무리된다.

공연은 옛 충남도청사 벽면 앞 장방형의 공간에서 진행된다. 마당극패 우금치의 자체 공간인 별별마당에서의 공연도 유튜브 영상을 통하여 접할 수 있다. 대형 영상을 중앙 벽면에 투사하며 진행되는 공연에 있어 벽면 바로 앞에는 골령골에서 수많은 시신들이 처형당하며 바로 그 아래 구덩이로 떨어지며 묻힌 길고 긴 무덤이 구현되어 있다. 그에 연결되어 흙으로 덮힌 타원형의 공간이 공연의 주요 연희 공간이다. 마당극패 우금치의 전 단원과 일부 객원 단원이 출연하는 가운데, 근현대사의 사건들을 다루고 있는 만큼 시대에 부합되는 선율과 리듬들을 다양한 서양 악기들이 담당하였다. 혼령들이나 민초들, 혹은 학살의 희생자들이 군중 장면의 주축이 된다. 혼령이나 민초들은 황토흙을 활용한 짙은 분장으로 얼굴을 가린 채 등장하고, 골령골에서 희생되는 주인공의 가족들을 제외한 대부분의 극중인물들은 역할 및 장면의 성격에 따라 각기 탈을 착용하며, 역할과 장면에 부합되는 악에 따른 다양한 움직임으로 장면들을 연기한다.

작품의 초반 희생된 무구한 원혼들이 서천 꽃밭으로 가기를 희구하는 대목을 조망해본다. 누워있던 원혼들은 윈드 차임의 가볍고 부드러운 음악에 맞추어 하나둘 깨어나고 쑥부쟁이 걸음을 걷기 시작한다. 황토색으로 얼굴과 몸을 덮은 배우들은 "분노를 버리자", "증오를 버리자", "서천 꽃밭을 자유로이 왕래하는 쑥부쟁이 걸음을 배워야지" 등등의 대사와 신체를 활용한 연기를 펼쳐 보인다. 3/4 박의 〈달아 달아〉 노래의 선율에 맞추어 함께 어우러져 이동하는 동선들은 대개 원형으로 크고 작게 도는 것으로 이루어진다. 대부분의 동작에서 앞서 걸음걸이의 기본으로서 살펴보았던 오금질이 활용되고 있다. 이어 등장하는 5인의 전설적인 인물들인 쑥부쟁이들 경우 2인씩 가새치기 동선으로 스쳐 지나가고 이어서 크게 원진으로 도는 동선들을 활용하고 있다. 혼령들과 짝을 지어 걸음걸이를 배우는 장면은 둘씩 왼편으로 돌아가는 원을 그리며 진행된다. 원진뿐 아니라 태극진, 달팽이진 및 방울진 등도 다채롭게 활용되고 있다. 이 장면 외에도 배우들은 민초들의 장면, 학살의 장면 등등에서 탈과 음악과 함께 몸 전체로 구사하는 율동적인 연기를 펼쳐 보인다.

그 밖에 마당극패 우금치의 대표적인 중견 배우 김황식의 경우 이 작품에서 4개 가량의 배역을 소화하고 있다. 등장의 순서에 따라 원혼 중 1인, 사복경찰, 서북청년단 및 신성모 국방부장관 역을 맡고 있다. 희생자로부터 가해자의 역할을 이어서 구현해야 하는 과제에 있어 가면을 적절하게 사용하며 신체 전체로 배역을 형상화해 나갔다. 원혼의 연기에서는 진흙으로 얼굴과 몸을 덮은 채, 함께 하는 무리들과 3/4박의 음악에 어우러지는 부드럽게 율동하는 움직임과 타령조의 느린 대사들로 연기하고 있다. 이어지는 악역들의 연기에서는 배역에 따라 차별화되

는 가면의 제작에서부터 시작하여 형상화의 작업을 구현하였다.

사복경찰의 경우 탈을 쓴 얼굴의 매섭고 차가운 인상과, 어깨에 힘을 준 채 다소 뻐딱한 자세에서 오금을 굴신하여 매복하듯 낮게 움직이는 자세로 인물의 형상화를 구현하였다. 음성의 경우 높게 비야냥거리는 말투로서 동호의 여동생 미순 및 가족들을 겁박해 나갔다(사진 1-2 참조[11]). 서북청년단의 경우 보다 우둔한 인상의 탈을 쓰고, 북소리에 맞추어 보다 꼿꼿한 움직임을 보인다. 동시에 불순분자로 간주되는 민간인을 대상으로 폭력적인 모습과 이북 사투리를 구사하며, 위협을 표현해 나갔다(사진 3-4 참조). 6 · 25 전쟁 당시의 신성모 국방장관의 경우 잠시나마 군인으로서의 각이 잡힌 체형으로 잔 동작 없이 딱딱한 대사를 구현하고 있다(사진 5 참조). 김황식 배우는 지난 1월 특강 중 각각의 인물의

---

11 이 글에 실린 〈적벽대전〉 공연 사진은 마당극패 우금치가 제공한 것임을 밝혀둔다.

형상화에 있어, 황토색의 그로테스크한 모습의 가면을 앞에 두고, "너는 누구냐?"라는 질문을 던져가며 가면에 인격을 불어넣는 개인적인 노력을 거듭하였던 작업 과정을 회고하였다. 그 과정을 거치며 인체의 중심 잡기, 그로부터 힘을 지탱하여 서 있는 자세, 인물의 심리적, 신체적 특성을 반영한 걸음걸이, 그리고 움직임 등등의 형상화 작업을 구축해 나갔다고 전하였다.

마당극패 우금치의 또 다른 중견배우 성장순의 경우, 이 작품에서 원혼들을 서천꽃밭으로 안내하는 쑥부쟁이 중 1인 외에, 골령골에서 희생된 주인공의 동호의 어머니 및 여순반란 시 희생자의 아낙 및 제주도 4·3 사건에 연루된 마을 사람, 그리고 골령골에서 희생된 원혼 등으로서 출연하여 다양한 역할을 맡았다. 쑥부쟁이로서의 장면에서는 〈반달〉의 멜로디에 따른 주제곡 〈서천꽃밭가〉의 3/4박에 따라, 화사한 분장과 꿈결 같은 부드러운 움직임 및 춤으로 역할을 형상화하고 있다(사진 6 참조). 한편 주인공 동호 어머니로서의 역할에 있어서 동호 아버지, 동호와 함께 탈을 쓰지 않고 출연함으로써, 다른 인물들 보다 역할의 사실성을 부각시켰다. 정당한 이유 없이 대전형무소에 연행되어간 아들의 상한 모습에 가슴 아파하는 어머니의 역할에서 특히, 전형적인 우리 어머니의 모습을 온몸으로 구현하는 가운데, 장면의 정서적 교감의 최대치를 형상화하고 있다(사진 7-8 참조). 탈을 쓰지 않은 채, 다른 장면들과는 다소 차별화되어 진행되는 이 장면들의 경우 뚜렷한 음악보다는 잔잔한 배경음악으로서 애통한 분위기가 조성되고 있다. 여순 반란 희생자의 아낙 역으로서 앙상블로 참여한 경우에도, 투박한 형상의 탈과 함

께, 애잔함을 신체적으로 구현해냈다(〈사진 9〉 중앙 인물 참조).

4. 나오는 글

우리의 소중한 연극적 자산인 전통연희는 역사상 많은 어려움에도 불구하고 면면히 이어져 내려왔다. 동양의 다른 나라의 경극이나 가부키, 서양의 코메디아 델 아르테에 비교해볼 때, 독자적이며 다채롭다. 타국의 연희 전통이 오늘날 다양하게 향유되고 새로운 공연에 활력소로서 활용되고 있음을 지켜보면서, 이러한 우리의 연희 유산으로부터 영감을 얻어 공연의 실제에 있어 토대가 되는 더욱 다양한 창조적 공연물들이 나올 수 있기를 기대해본다.

1970년대와 80년대를 거치면서 우리나라의 많은 극단들은 전통연희 기반 연극들을 창작하여 선보였다. 그중 극단 민예와 극단 미추 등에 의하여 실내 극장이나 공연장 내에서 운영하던 연극들 및 마당놀이 계열의 연극들이 주요한 한 갈래를 형성했다면, 마당극패 우금치를 비롯한 마당극 계열의 공연들은 공동체가 집결하고 의사와 정서를 나누는 '마당'의 공간성을 반영한 연극을 지향하며 또한 제작해왔다. 앞서 인용한 바, 극단 길라잡이의 임진택 연출과 놀이패 한두레의 채희완 연출의 작업과 저술들은 마당극 계열의 연극들에 있어 선도적 역할을 수행해온 것이다. 그들의 저술에서 밝히고 있듯이, 공연 공간을 사방에서 에워싼 채 관극이 이루어졌던 전통적인 마당판의 특성을 반영한 마당극의 공간성과 연희적 특성은 배우들의 역할 형상화 및 관객들과의 소통에 있어 본질적인 영향을 준다. 마당판에서의 관객들은 때로는 배우의 등이나 측면만을 통하여 관극을 할 수 밖에 없는 경우가 잦은 것이다.[12] 프로시니엄 무대에서 배우가 연기하는 주된 각도의 모습이 가급적 관객의 일방향적 시선에 들어올 수 있도록 하는 경우와는 차별화된다. 따라서 앞서 정리해보았듯이, 배우의 몸 전체가 하나의 거대한 탈로서 역할을 형상화하고 연기에 임해야 하는 결과가 자연스럽게 도출된다.

한때 무성하게 발전하였던 마당극은 21세기에 접어든 이래, 직접적인 정치사회적 견해의 표출이 보다 자유로워지고, 다양한 테크놀로지

---

12 마당극패 우금치의 김연표 배우는 2022년 경계없는예술아카데미 #18 '전통연희 기반 마당극 연기'에서, 마당극의 연기는 '등'으로 구현하는 연기로 정의내린 바 있다.

에 입각한 무대 기술과 예술이 가파르게 발전하고 있는 사이 위축되어 보인다. 그럼에도 불구하고 우리 민족 고유의 연희 원리가 골고루 녹아 들어 있는 전통연희와 그를 기반으로 하는 오늘의 연극의 중요성은 아무리 강조해도 지나치지 않을 것이다. 이 글에서 시도해본 전통연희 기반 연극에 있어서의 역할 형상화의 탐구는 갓 시작한 단계의 작업이다. 이 분야에서 오래 작업을 이어온 배우들과의 공동 작업을 통하여 보다 정교하게 그 원리와 훈련 과정 등이 정리될 수 있기를 기대하며 이 글을 마무리하고자 한다.

참고 문헌

스타니슬랍스키, 『성격구축』, 이대영 역, 예니, 2014.

스타니슬랍스키, 『역할창조』, 신은수 역, 예니, 2013.

이두현, 『한국의 가면극』, 일지사, 1992.

이영미, 『마당극 양식의 원리와 특성』, 시공사, 2002.

채희완 · 임진택, 「마당극에서 마당굿으로」, 김윤수 · 백낙청 · 염무웅 편, 『한국 문학의 현단계』, 창작과비평사, 1982, 189~246쪽.

임진택, 『민중연희의 창조』, 창작과비평사, 1990.

전경욱, 『한국전통연희사』, 학고재, 2020.

조동일, 『탈춤의 역사와 원리』, 홍성사, 1981.

ㄱ

가새치기 222

각색 101

감각적 지각 23, 24, 25, 28, 45

강량원 15

거리 176

거리극 176

고대극회 128, 129, 133

〈고도를 기다리며〉 157, 159, 161, 162

고성오광대놀음 217, 218

공간성 24

공모적 남성성 80

공연 공간 173

국립극단 144, 148, 150

그로토프스키 19, 208

(극단)길라잡이 233

김동현 55, 57

김성옥 128

김승언 177

김연표 211, 233

김황식 211, 226, 228, 229

〈깐느로 가는 길〉 70

꼭두각시놀음 210, 212, 218

ㄴ

남성성 80

네오아방가르드 17, 19

놀이 182

놀이패 한두레 233

ㄷ

달팽이진 222

대학극회 127

(극단)동 15

동성사회성 61, 78

동아연극상 129, 146, 149, 156

동인제 극단 128

드라마센터 128, 140, 141

ㅁ

마당극 176, 208, 209, 211, 215, 218, 219, 221, 223, 225, 226

마당극패 우금치 211, 226, 227, 228, 231

마당놀이 208, 209, 215
〈만선〉 153
메를로-퐁티, 모리스(Maurice Merleau-
        Ponty) 19, 25
〈메이드 인 세운상가〉 74
메이어홀드 19, 208, 221
(극단)명작옥수수밭 55
몸성(corporeality) 30, 190
미지기진 222

ㅂ

박근형 98, 117
박정자 175
방울진 222
배우의 몸 186
봉산탈춤 211, 217, 218
부조리극 136, 158
분위기 23, 45
불림 218

ㅅ

산대희 210
(극단)산울림 156, 162
(극단)산하 144, 148, 149, 150
〈상주국수집〉 30
서민경제 3부작 178
서브텍스트 16
성장순 211, 231
〈세기의 사나이〉 66
세즈윅, 이브 78
소극장 173

소리성 24, 30
손숙 160
송강호 64
수행성 22, 23, 24, 25, 28
수행성의 미학 27
수행적 공간 23, 32
수행적 연기 25, 27, 45
스타니슬랍스키, 콘스탄틴 세르게예비
        치 137, 207, 224
스트라스버그, 리 207, 224
〈스피드. 잡스(Speed. Jobs) : 질풍노동의
        시대〉 177
신문영 177
신체행동연기 15, 25
실험극장 128, 135, 136, 138
심신일원론 19, 21, 22

ㅇ

〈아담스 미스(Adam's Miss)〉 177
아들러, 스텔라 207, 225
야외 공간 173
양주별산대놀이 211, 217, 218
엠플로이 221, 225
역사극 56
역사적 아방가르드 17, 19
역할 바꾸기 181
연상 23, 24, 45
오금질 216, 228
오방진 222
외부 자극 194
우주마인드프로젝트 177

원진 222
유치진 140
이병복 157
이봉련 97
이열진 222
이해랑 160
일인 다역 180
임영웅 157
임진택 208, 233

ㅈ

자동형성적 피드백 고리 24, 28, 40
〈잡온론(Job on Loan)〉 177
장단 211, 214, 215
전통연희 208, 210, 215, 218, 220,
　　　　221, 223, 225, 226
제작극회 127
젠더 벤딩 99
젠더 의식 99
젠더 프리 99, 108, 110
졸라, 에밀(E. Zola) 43
지형지물 184

ㅊ

차근호 56, 62
차범석 127, 130, 132, 144
창발 28
창발적 의미 25, 28, 34, 45
채희완 208, 233
체현 17
체현된 정신 19, 21, 22

체호프, 미하엘 207, 225
최원종 56, 57

ㅋ

카페 떼아뜨르 157, 175
칸트(I. Kant) 25
코메디아 델 아르테 208, 220
콜라주 180

ㅌ

〈타자기 치는 남자〉 71
탈 218, 220
탈춤 210, 212, 215, 216, 218, 220
태극진 222
〈테레즈 라캥〉 43
통영오광대놀음 217

ㅍ

판소리 210, 212, 215
페르소나 64
프로듀서 시스템 162
피셔-리히테, 에리카 17

ㅎ

〈햄릿〉 99
헤게모니적 남성성 79
현존 20

필자 소개

심재민

연세대학교 독문과를 졸업하고, 독일 튀빙엔대학교에서 독문학 철학 독어학을 수학하고 석사 및 박사 학위를 취득했다. 현재 한국연극평론가협회 회장 및 한국연극예술학회 회장으로 활동하고 있으며, 가천대학교 일반대학원에 재직하고 있다. 저서로 『Werden und Freiheit. Carl Sternheims Distanzerfahrung in der Moderne und sein Bezug zu Nietzsche』, 『연극적 사유, 예술적 인식』, 『니체, 철학 예술 연극』이 있으며, 공저로 『한국 현대 무대의 해외 연극 수용』, 『포스트드라마 연극의 미학』, 『동시대 연극 비평의 방법론과 실제』, 『탈식민주의와 연극』 등이 있다.

전지니

이화여자대학교 국어국문학과를 졸업하고 같은 대학원에서 석사 및 박사 학위를 받았다. 이화여자대학교 강의전담교수, 한국항공대학교 교육중점교수를 거쳐 한경대학교 브라이트칼리지 교수로 재직 중이며 『연극평론』, 『공연과이론』 편집위원으로 활동 중이다. 지은 책으로 『1940년대 극장의 감성과 이데올로기』, 『연극과 젠더』(공저), 『해방기 문학의 재인식』(공저), 『할리우드 프리즘』(공저), 『해방과 전쟁 사이의 한국영화』(공저) 등이 있다. 저서 『인간의 미래, 연극의 미래 : 한국 SF연극의 역사와 상상력』 발간을 준비 중이다.

이주영

연극평론가이자 드라마투르그로 활동하고 있다. 한국 근대 극문학 전공자로서 근대 문학작품 및 근대 사회·문화상을 극화한 작품에 관심이 있으며, 최근에는 해방 후로도 관심 영역을 확장하고 있다. 최근 논문으로 「근대 희곡에 나타난 제국의 조선 의사들」「1930년대 〈봉산탈춤〉과 전통의 향방」「코로나19 이후 온라인 연극의 전개와 방향성」 등이 있다.

전성희

숙명여자대학교 국어국문학과에서 박사학위를 받았다. 현재 명지전문대 문예창작과 교수, 차범석학회 대표로 활동하고 있다. 논문으로 「한국 여성국극 연구─국극 번성과 쇠퇴의 원인을 중심으로」「임춘앵론」「함현진론」「TV 드라마에 나타난 노년의식 연구─〈거침없이 하이킥〉을 중심으로」「차범석의 세계관 형성과 초기 희곡 연구」「차범석의 〈전원일기〉 연구(1)」 외 다수, 저서로 『국립극장 50년사』『세종문화회관 전사』『세계화 시대의 창극』『인물연극사 한국현대연극 100년』『동랑 유치진, 한국공연예술의 표상』『차범석전집 1─8』(이상 공저 및 공편), 『차범석전집 9─12』(편저) 외 다수가 있다.

김태희

고려대학교 국어국문학과에서 박사 학위를 받았으며 현재 고려대학교 인문융합연구원 연구교수로 재직 중이다. 연극비평집단 시선 동인이며 현장에서 연극평론가로 활동하고 있다. 최근 논문으로는 「거리극의 연기 형식과 공간 활용에 대한 연구」와 「바다의 경계 확장과 의미 변화 연구」, 「한국 전쟁에 대한 기억과 연극의 재현 양상」이 있다.

이화원

이화여대 불어불문학과와 서울대학교 인문대학원을 거쳐 미국 미네소타대학에서 박사학위를 취득하였다. 현재 상명대학교 연극전공 교수로서 비영리 문화예술전문단체 경계없는예술센터와 문화공간 스페이스T를 운영 중이다. 저서로는 『라신을 어떻게 읽을 것인가』 『연극으로 세상 읽기』, 역서로는 『몰리에르 희곡선집』이 있다. 공공공간에서의 〈경계없는예술프로젝트〉, 비아페스티벌, 비아프린지 및 창작레퍼토리 〈종이달〉 등 국경과 경계와 차이를 넘어서는 문화예술 활동을 이어오고 있다.